보훈 3.0: 시민과 함께 보훈 읽기

보훈공단
보훈교육연구원
보훈문화총서
06

보훈 3.0: 시민과
함께 보훈 읽기

보훈교육연구원 기획

김상돈 서운석 윤승비 이영자 이용재 이재승
이찬수 임상순 전수미 정태영 형시영 지음

보훈, 따뜻하고 든든한

보훈(報勳)은 '공훈에 보답한다'는 뜻이다. 「국가보훈기본법」 (2005.05.31.)에 따르면, "국가를 위하여 희생하거나 공헌한 사람의 숭고한 정신을 선양하고 그와 그 유족 또는 가족의 영예로운 삶과 복지 향상을 도모하며 나아가 국민의 나라사랑정신 함양에 이바지"하는 행위이다(제1조). 국가를 위한 희생이나 공헌의 성격은 다음 네 가지 범주로 규정한다: "가, 일제로부터의 조국의 자주독립. 나, 국가의 수호 또는 안전보장. 다, 대한민국 자유민주주의의 발전. 라, 국민의 생명 또는 재산의 보호 등 공무수행" (제3조)

이러한 규정에 근거해 보훈을 '독립', '호국', '민주'라는 세 키워드로 이해하는 흐름이 생겼다. '사회공헌'(혹은 공무수행)까지 보태 넷으로 분류할 수도 있다. 보훈의 정신이 서너 가지 가치로 정리될 수 있다는 사실을 확인하고 나서 기본법을 제정해 그 범주를 정리했다고 보는 편이 더 옳겠다. 독립, 호국, 민주 혹은 사회공헌을 위해 투신하다가 당한 희생에 국가가 물심양면으로 보답하는 과정이 보훈이다. 그동안 보훈정책은 세분화 ┌구체화되었고, 예산도 확대되어 왔다.

그런데 좀 더 깊이 들여다보면 보훈의 구체화 과정에 문제가 없는 것은 아니다. 정책 하나하나의 문제라기보다는 보훈의 가치들 간 긴장과 갈등의 문제, 보훈에 대한 국민적 인식의 문제다. 두 가지 문제의식을 가지고 한국 보훈의 현실을 간략히 진단해 보겠다.

첫째 문제는 보훈의 주요 가치들인 독립, 호국, 민주 혹은 사회공헌의 실제 내용이 서로 충돌하기도 한다는 데 있다. 가령 북한과의 전쟁 경험에서 출발한 '호국'의 가치와 다원성을 중시하는 대북 포용적 '민주'의 가치가 부딪치곤 한다. 이런 현상은 분단국가이면서도 통일을 지향하는 한반도의 특수한 상황에 기인한다. 남과 북은 정치적 이념과 권력 구조가 달라 서로 적대하면서도, 통일 혹은 일치로 나아가기 위한 교류와 협력의 대상이기도 하다. 남북 관계는 적대적 준국가 관계에 놓여 갈등하면서도, 오랜 역사, 언어, 문화적 동질성을 훨씬 크게 경험해 온 한 민족이다.

분리되어 있으나 합일을 지향하는 이중 관계에 있는 것이다.

그렇다면 전쟁과 같은 아픈 역사에 기반한 호국의 가치와 미래 지향적 민주 및 사회 공헌의 가치가 적절히 만나도록 해야 한다. 이들을 화학적으로 결합시키지 못하면 한반도는 분단으로 인한 소모적 갈등이 두고두고 지속될 것이기 때문이다. 그 만나는 지점을 발굴하고 정책에 반영하며 국민과 함께 확산시켜 가야 한다.

독립과 관련한 가치가 구현되는 상황도 비슷하다. 원치 않게 일본의 식민지로 살아야 했던 역사적 경험과 이로부터 벗어나려 몸부림치던 선구적 희생의 자취가 공존하고 있는 것도 한국의 현실이다. 이른바 독립유공자는 선구적 희생에 대한 국민적 보답과 예우의 표현이지만, 같은 집안에서도 친일과 반일이 갈등하며 섞여 있는 것이 여전한 우리의 현실이다. 사회주의적 이념에 기반한 독립운동을 분단 이후 강화된 호국적 이념과 조화시키는 일도 간단하지 않다. 가령 사회주의 이념으로 독립 운동을 하다 희생당한 이를 독립유공자로 인정할 수 있는지, 현재의 한국 정치 체제와 다르기에 그럴 수 없는지 등은 우리 사회가 여전히 해결하지 못하고 있는 문제이다. 나아가 어떤 가치에 중점을 두느냐에 따라 북한은 물론 미국 및 중국에 대한 태도도 크게 갈

려서 정부가 외교적 균형을 잡기 어려운 것도 우리의 현실이다.

이것은 한반도에서 공정한 보훈정책이 얼마나 어려운지 잘 보여준다. 그러면서도 역설적으로 보훈이 사회통합과 국가공동체 건설에 기여하는 계기와 동력이 될 수 있다는 뜻이기도 하다. 보훈의 이름으로 독립, 호국, 민주유공자 및 보훈대상자를 지속적으로 발굴하고 선양하되, 그 과정에 벌어지는 갈등은 최소화해야 한다. 깊이 고민하고 성찰해서 독립, 호국, 민주의 가치를 화학적으로 지속적으로 조화시켜 나가야 한다. 그렇게 사회통합을 이루고 국가의 공동체성을 구축해 가야 한다.

둘째 문제는 공훈에 보답하는 주체가 '국민'이라기보다는 '국가'라는 인식이 강하다는 것이다. 「국가보훈기본법」에서도 국가와 지방자치단체가 보훈정책을 시행하고 국민은 그에 협력해야 한다는 식으로 규정하고 있다.(제5와 제6조; 제8와 제9조 참조) 보훈의 전제가 '국가를 위한 희생과 공헌'이다 보니, '국가가 보답한다'는 인식이 먼저 생기는 경향이 있다. 국가의 주체는 결국 국민임에도 불구하고, 보훈 행위에서 국민은 빠지거나 적당히 거리를 둬도 될 것 같은 이미지나 분위기가 형성되고 있는 것이다.

그러나 국가의 주체는 결국 국민이다. 보훈 행위의 무게중심을 국민에 둘 수 있어야 한다. 국민의 세금으로 정부, 특히 국가

보훈처가 보답의 행위를 대신하고 있지만, 공을 세우고 그 공에 보답하는 주체 모두 결국은 국민이다. 정부는 국민의 눈높이에 맞춰 국민에게 먼저 다가가고, 국민이 공감할 수 있는 정책을 계속 모색하며, 현대 사회에 어울리는 교육 콘텐츠를 개발하고 보급해야 한다. 무엇을 어떻게 하는 것이 보훈에 대한 국민적 기대치와 눈높이에 어울리는지 선제적으로 고민해야 한다. 보훈이 풀뿌리부터 자발적으로 문화화하도록 플랫폼을 제공해야 한다. 국민이 보훈의 긍정적 의미를 자연스럽게 체감할 수 있도록 깊이 고민해야 하는 것이다.

현 정부에서는 "든든한 보훈"을 슬로건으로 하고 있다. 오랜 군복무로 국가안보에 기여한 '제대군인'에 대한 지원을 강화하고, 보훈대상자들이 어디서든 불편 없이 진료 받을 수 있도록 한국보훈복지의료공단 산하 보훈 종합병원들과 연계하는 '위탁병원'을 지역 곳곳에 확대하고 있다. 보훈대상자들을 연결고리로 국가와 국민을 든든하게 연결시키겠다는 취지의 정책이다. "따뜻한 보훈"을 모토로 하기도 했다. 현장과 사람 중심의 보훈을 기반으로 국민과 함께 미래를 여는 정책을 펼치겠다는 것이었다. 모두 적절한 슬로건과 모토다. 국가-국민-국가유공자가 서로 연결되고 순환하는 체계를 만들어나가겠다는 취지에서 서로 통한다.

어떻게 하든 한국 보훈의 방향은 순국선열, 애국지사, 전몰군경, 전상군경 등 전통적인 국가유공자들을 예우하되(「국가유공자예우등에관한법률」 제4조), 민주유공자와 사회공헌자는 물론 '국가사회발전특별공로자'와 같은, 시민사회에 좀 더 어울리는 유공자들을 적극적으로 발굴하는 방식으로 가야 한다(제4조). 보훈이 흔히 상상할 수 있는 전쟁 중심의 이미지에서 벗어나 평화 지향적으로 나아가는 데 기여해야 한다. 국경 중심의 근대민족국가의 범주에 갇히지 말고, 인간의 아픔에 공감할 줄 아는 보편적 인류애에 호소해야 한다. 그렇게 세계가 축복할 수 있는 보훈정책의 모델을 한반도에서 만들어내야 한다.

그러면 국민은 국민대로 오늘의 삶을 누리는 데 기여한 이들을 위해 마음과 시간을 더 낼 수 있을 것이다. 가족이 다치면 가족이 돌보지 않던가. 희생은 없어야 하고 없을수록 좋지만, 만일 가족 중 누군가 아프면 가족이 치료하고 돌보면서 가정을 유지해나간다. 국민이 국가를 위해 일하다가 다치면 그곳에 국민의 손길이 미칠 수 있어야 한다. 그런 문제의식을 가진 국민을 '시민'이라고 명명한다면, 보훈도 시민사회와 순환할 수 있어야 한다. 국가유공자(및 보훈대상자)와 국민 혹은 시민 사이의 거리를 지속적으로 좁혀 나가야 한다.

정부는 물론 보훈 연구자들은 누군가의 희생과 공헌 없이 국가도 국민도 있을 수 없다는, 이들 간 유기적 관계성을 따뜻한 철학으로 뒷받침해야 한다. 국가유공자와 보훈대상자를 위한 복지와 의료 정책에 첨단 인공지능과 나양한 빅데이터도 적절히 활용할 수 있을 것이다. 이렇게 희생과 아픔에 대한 인간의 원천적 공감력에 호소하면서 시민사회가 보훈을 자신의 과제로 삼을 수 있는 바탕을 다져야 한다. 그렇게 미래로 나아가고 세계와 소통하는 국가를 만들어야 한다.

보훈은 국가를 돌아가게 하는 근본 원리이다. 이러한 원리는 더 이상 누군가의 희생이 나오지 않아도 되는 안전하고 평화로운 국가와 세계가 이루어질 때까지 계속되어야 한다. 이러한 세계를 이루기까지 심층적인 의미에서 선제적으로 이루어가는 보훈, 이른바 '선제적 보훈'의 길을 걸어야 한다.

그동안 보훈 관련 각종 정책 보고서는 제법 많았다. 그러나 대부분 일반인의 손에는 닿을 수 없는 전문가의 책상과 행정부서 깊은 곳에 머물렀다. 보훈의 역사, 이념, 의미, 내용 등을 국민적 눈높이에서 정리한 대중적 단행본은 극소수였다. 정작 보훈이 무엇인지 관련자들도 깊고 체계적으로 고민할 새가 별로 없었다. 무엇보다 시민사회로까지 다가서기에는 부족했다.

이러한 현실을 의식하며 보훈교육연구원에서 일반 시민이 쉽게 접근할 수 있도록 대중적 차원의 「보훈총서」를 기획하고 드디어 출판하기에 이르렀다. 지속적으로 출판할 예정이다. 보훈이 무덤덤한 '그들'만의 이야기가 아니라 '우리'의 이야기가 되는데 '공헌'할 수 있으면 좋겠다. 한국의 보훈이 인간의 얼굴을 한 따뜻하고 든든한 보훈으로 계속 성숙해 가면 좋겠다.

보훈교육연구원장

이 찬 수

고대로부터 현대에 이르기까지 집단이나 조직에서는 그 집단을 유지하기 위해 공헌하거나 희생한 사람에 대해서 특별한 대우를 해주면서 집단이나 조직을 발전시켜 왔다. 국가도 마찬가지이다. 국가를 위하여 희생하거나 공헌한 사람에게 국가 차원에서 보답해 왔다. 그것이 보훈이다. 보훈이란 사전적 의미로 '공훈에 보답함'을 의미한다. 국가나 사회를 위해 세운 공로와 헌신 및 희생에 대해 보답하는 행위이다.

국가보훈이란 국가와 민족을 위하여 공헌하거나 위난 발생 시 희생한 자와 그 유족에 대한 예우와 지원을 통해, 그들이 영예로운 생활을 할 수 있도록 하고, 국민의 애국심을 함양하는 과정이다. 여기에서 희생·공헌자를 우리나라는 네 가지 분야로 한정하는데, 일제로부터의 조국의 자주독립, 국가의 수호 또는 안전보장, 대한민국의 자유민주주의 발전, 국민의 생명 또는 재산의 보호 등 공무수행을 한 사람이 여기에 해당한다. 이러한 관점에서 국가보훈은 국가와 민족, 사회를 위해 희생한 분들에 대한 국가 차원의 보답과 예우를 통해 국가의 정체성을 확립하고, 국민공동체의 유지와 발전, 안보역량의 강화, 국가사회 발전의 추동 등에 대한 정신적, 물질적 기초를 구축하는 행위라고 볼 수 있다.

우리나라의 보훈 영역은 국가보훈처 조직편제에서 쉽게 알아볼 수 있다. 국가보훈처 조직은 보상 정책, 보훈선양, 보훈예우, 복지증진국으로 구성되어 있다. 즉 국가를 위한 공헌과 희생이 발생하면 본인과 유가족이 안락한 삶을 유지할 수 있도록 보훈급여금을 지급하고, 그들의 희생정신을 계승하고 기념한다. 또한 공헌과 희생 과정에서 발생한 공헌 내역을 찾아내서 포상하고, 노후에 안락하게 여생을 편안하게 보낼 수 있도록 의료와 요양을 지원한다. 끝으로 공훈을 수립하는 과정중 또는 수명을 다하여 돌아가신 경우 국립묘지에 안장하는 절차를 통해서 예우를 다한다.

이 책에서는 보훈 전반을 일반 시민이 알 수 있도록 해당 분야 전문가들이 에세이 형태로 정리했다. 특히 2020년은 청산리·봉오동 전투 100주년, 6·25 전쟁 70주년, 4·19 혁명 60주년, 5·18 민주화운동 40주년이 되는 해로서, 보훈과 관련해서는 여느 해보다 의미가 큰 한 해였다. 코로나19 바이러스 대유행으로 공개적 행사가 위축되어 아쉬웠지만, 보훈이 하나의 국가를 유지시키는 데

얼마나 중요한 일인지 확인시켜 주는 한 해라고 할 수 있다.

이러한 문제의식을 가지고 보훈교육연구원에서는 2020년 초부터 보훈의 중요성을 대중적으로 좀 더 확산시키기 위해「프레시안」과 협력해 16회, 국가보훈처 유관 언론인「나라사랑신문」과 협력해 10회 등 총 26회에 걸쳐 다양한 내용을 소재로 하는 보훈 이야기를 연재했다. 일부 글은 다른 단행본에 편입되는 바람에 이 책에서는 빠졌지만, 전체적으로 한국 보훈의 현황을 쉽게 파악하는 데 도움이 될 것이라고 생각한다.

흔히 국가유공자 구분에서 독립과 호국 유공자가 대외적 침략으로부터 국가와 국민을 수호하는 과정에서 희생된 분들에 대한 보답이라면, 민주(사회공헌)는 대내적 차원에서 국가 발전과 국민 복지 향상에 공헌한 분들을 대한 보답이다. 전자를 '보훈1.0', 후자를 '보훈2.0'이라고 한다면, 향후 보훈은 한반도의 통일과 평화 및 인류 공영에 공헌하는 보훈이 되어야 한다는 취지로 '보훈3.0'이라는 제목을 달았다. 1.0, 2.0, 3.0은 중요도의 차이가 아니라 시대적 요청의 차이라고 할 수 있다.

본서 집필에 참여해 주신 교수님과 연구원들, 편집을 위해 수고해주신 도서출판 모시는사람들에 감사드린다.

보훈교육연구원 이용재

제1부

보훈학과 보훈문화

보훈은 평화다

이 찬 수_보훈교육연구원 원장

보훈을 다시 생각한다

'보훈'이라는 단어는 익숙하지만, 그 의미는 간단하지 않다. 가령 국어사전에서는 보훈을 "국가유공자의 애국정신을 기리어 나라에서 유공자나 그 유족에게 훈공에 대한 보답을 하는 일"로 규정한다. 이때 '나라를 사랑한다(愛國)'는 것, '공을 세운다는 것'(有功)이 무엇인지 하나씩 따지다 보면, 그 경계는 늘 모호하다.

참전용사가 국가유공자일 수 있고, 코로나19의 확산을 막기 위해 희생적으로 노력하는 이도 국가유공자일 수 있다. 나아가 양심적이고 선량한 삶도 넓은 의미에서 국가유공 행위일 수 있다. 그러한 행위가 국가 유지와 발전의 초석이 되기 때문이다. 제도와 법률적 판단에 따라 유공자가 결정되곤 하지만, 그런 법률적 판단 밖에 있다고 해서 유공자의 본질에서 멀어지는 것은 아니다. 이들의 삶에 국가유공과 관련한 우열을 매기기는 힘들다.

지구화 시대의 보훈

이때 한 번 더 생각해야 할 것이 있다. 가령 어느 참전 용사의 애국 행위는 상대국 입장에서는 가해행위였을 수 있다. 세계화 시대, 국가 간 교류가 빈번하고 왕래가 자유로워질수록 이런 불편한 진실은 반드시 극복하고 해결해야 할 문제이다. 지구화 시대 보훈의 성격을 다시 생각해야 하는 이유이다. 어느 국가에 공을 세우는 행위가 다른 국가에도 유익이 될 수 있다면 더 좋지 않겠는가 하는 타자 포용적 보훈의 가능성을 고려해야 하는 것이다.

나아가 국가를 위한 희생이 더 이상 발생하지 않아도 되는 인류 사회를 만드는 일, 이른바 '선제적 보훈'을 준비해야 할 필요도 있다. 이것은 보훈의 의미를 국경 중심의 근대 민족국가 범주를 넘어, 탈 경계적 세계시민사회에 어울리도록 재규정하는 행위와 연결된다.

평화로서의 보훈

보훈은 사회적 공평이나 공정을 구체화하는 일이다. 사회적 공평과 공정을 실현하는 과정은 평화의 과정이기도 하다. 그런

데 특정 국가가 평화를 자국 중심으로만 이루려다 보면, 그 평화의 실천이 타국에게는 갈등의 요인이 될 수 있다.

일본의 아베 정권이 '적극적 평화주의'라는 말을 내세워 헌법을 개정하고 군대를 보유하려던 시도가 한국 및 주변국에 위협이 되어온 경우가 그 사례이다. A국가가 평화를 만들어가는 과정이 B국가에 대한 적대적 행위가 된다면, B국가는 그에 도전하려 할 테고, A국가는 그 도전으로 다시 위협에 휘말리게 된다. A국가의 평화가 부메랑처럼 A국가에게 위협으로 돌아올 수 있는 것이다.

평화도 자기중심적으로만 이루려다 보면 평화라는 이름의 폭력이 발생할 수 있다. 보훈은 국가의 유지와 사회적 공평의 기본이지만, 그 공평이 다른 국가에 대립적이지 않을 수 있다면 더 좋을 것이다. 보훈이 자국 안에서만 공정한 것이 아니라, 국제사회에, 나아가 세계시민사회와 조화할수록 좋다는 뜻이다. 그런 보훈은 과연 있을 수 있을까. 가령 북한에 적대적이지 않은 남한의 보훈이라는 것이 과연 가능할까. 평화의 관점에서 보훈을 다시 보면 불가능하지도 않을 것이다. 일단 평화란 무엇인지부터 정리해 보자.

평화는 감폭력이다

평화학자 요한 갈퉁(Johan Galtung)은 한 사회가 공평하고 조화로울수록, 상처와 갈등이 적을수록 평화가 커진다고 보았다.

$$평화 = \frac{공평 \times 조화}{상처 \times 갈등}$$

평화에 관한 아주 간결한 도식이다. 그런데 문제는 인류가 이제까지 이런 공평과 조화를 별로 경험해 보지 못했다는 것이다. 한두 사람 사이 혹은 소규모 집단이 일시적으로 공평을 경험할 수도 있고, 어떤 사건의 조화로운 타협이나 해결을 잠시 경험할 수는 있지만, 지속적으로 공평하고 조화로웠던 적은 없다. 어디선가 공평을 이루려는 이유는 현실이 공평하지 않다는 뜻이다. 조화를 추구한다는 것은 현실이 조화롭지 않다는 뜻이다. 어디선가 상처와 갈등이 있기에 공평과 조화가 요청되는 것이다.

현실에서는 상처와 갈등이 더 크고 지속적이다. 이것은 상처와 갈등을 줄이는 만큼 평화가 이루어진다는 뜻이다. 부정적 가치를 축소하는 방식으로 긍정적 가치를 확대해야 한다는 것이다. 이런 입장에서 보면 평화는 상처와 갈등을 줄이는 과정이 된다. 불공평과 부조화, 한마디로 폭력을 줄이는 과정이 평화이다. 평화는 '감폭력(減暴力)'의 과정이라고 정의할 수 있다.

보훈은 평화이다

그런데 국가적 차원에서 벌어진 폭력에 맞서서 국가, 사회, 가정을 지키기 위해 스스로를 희생한 사람을 우리는 국가유공자로 규정하고 기꺼이 그에 보답하며 살고 있지 않던가. 각종 보답으로 이들의 상처를 치유하면서 국가와 사회의 공평과 통합을 추구하고 있지 않은가.

그렇다면 보훈 역시 상처와 갈등을 줄여 공평과 조화를 도모해가는 평화의 과정이 아닐 수 없다. 물적 보답과 심신의 치유를 동반하는 과정이라는 점에서는 복지의 사례이기도 하다. 보훈은 평화이며 동시에 복지인 것이다. 복지로서의 보훈, 이에 대해서는 이 책 제3편 1장에서 살펴보도록 하겠다.

「나라사랑신문」 (2020.4.13.)

보훈의 공공가치

: 세계에서 가장 아름다운 나라를

김 상 돈_ 고려대학교 교육대학원 겸임교수

"존경하는 국민 여러분 옛말에 나라사랑하기를 내 집같이 하라는 말이 있습니다. 가족이 집을 사랑하지 않으면 집은 존재할 수 없는 법입니다." - 유관순 열사

"나는 우리나라가 세계에서 가장 아름다운 나라가 되기를 원한다. 그 집의 뜰을 쓸고, 유리창 닦는 일을 해 보고 죽게 하소서!" - 백범 김구 선생

　선열들의 이러한 말씀들은 보훈공공성의 나침반이고 나라사랑정신의 표현이다.

　보훈의 사전적 의미는 국가유공자의 애국정신을 기리어 나라에서 유공자나 그 유족에게 훈공에 대한 보답을 하는 것이다. 보훈은 국가유공자에 대한 감사함과 송구함이 투영된 산물(産物)이고 행동으로 보여주는 착한 실천이다. 보훈이 바로 공공성의 실천이다. 공공성은 일반적으로 공적인 것, 공통적인 것, 사회적

인 것을 전제로 하는 시민적 덕목, 물적 자원의 공유, 소통의 개방성을 뜻한다. 이러한 점에 착안하여 보훈공공성의 핵심을 나라사랑, 보훈복지나눔, 열린 보훈커뮤니케이션이라는 세 가지로 요약할 수 있다.

보훈공공성의 핵심
: 나라사랑, 보훈복지, 보훈커뮤니케이션

나라사랑의 사례는 일제강점기 각종 독립운동에서 볼 수 있다. 6·25 전쟁의 호국적 참여, 4·19 시민혁명, 각종 민주화운동 등도 나라사랑 행위이고, IMF 경제위기 당시 금모으기운동이나 2007년 삼성1호-허베이스피릿호 원유 유출 사고(일명 태안기름유출사고)의 자원봉사 등도 나라사랑의 대표적 사례이다. 이러한 사례가 작금의 코로나19의 난국에 대구시민을 위해 써 달라며 현금 98만 원을 기부한 익명의 80대 기초생활수급자 할아버지(충남 서산시 거주), 코로나19로 고통 받는 소상공인·자영업자를 위해 임대료를 동결하거나 깎아 주는 착한 건물주 운동, 국군간호장교의 첫 부임지로 '나는 대구로 간다'며 대구 코로나19 대응 현장을 선택한 사례 등의 행위도 나라사랑과 맞닿아 있다. 코로나19 재난의 모든 전선으로 달려간 자원봉사자와 방역·보건·의료진, 구급대원 등 코로나19 재난 극복을 위해 헌신하거나 고통을 나누는 모두가 난세의 착한영웅이고 나라사랑정신을 실천하는 애국자이다. 이러한 나라사랑의 실천이야말로 진정한 보훈공공성의 구체적이고 현실적인 실상이다.

보훈공공성의 다른 차원은 보훈복지나눔이다. 2019년 국가보훈처가 발표한 〈2018년 국가보훈대상자 생활실태조사 보고서〉에 따르면, 독립유공자의 75.9%가 비경제활동 인구에 속했으며, 66%가 소득이 없고, 독립유공자 후손의 대부분이 보훈 관련 지원금에 크게 의존하고여 생활하면서 독자적·독립적 경제 활동이 어렵고, 각종 질환이나 노환에 시달리고 있는 것으로 나타났다. 고려대 한국사연구소에서 2017년에 조사한 독립유공자 후손 생활실태 조사에서도 서울시에 거주하는 독립운동가 후손의 70%는 극빈층이거나 차상위 계층으로서, 그분들에 대한 처우가 열악한 것으로 나타났다. 이같이 독립유공자와 그 후손들이 조국을 위해 목숨과 재산을 바친 대가로 가난을 대물림받는 동안, 일부 친일 부역자와 그 후손들이 해방 이후 반민특위을 무력화하며 친일청산을 좌절시키며, 역사왜곡의 틈을 타고 부와 권력의 대물림을 받은 것은 너무나 대조적이다. 따라서 지금이라도 국가보훈처를 포함한 중앙정부는 물론 지방자치단체도 국가유공자들이 최소한 생활고에서 벗어날 수 있도록 적극적인 재정적 지원을 해야 한다. 그래야 이 땅의 보훈공공성의 기틀이 만들어질 수 있다.

보훈공공성의 마지막 차원은 열린 보훈커뮤니케이션이다. 열린 보훈커뮤니케이션은 대중과 함께 소통하고 공감하는 보훈시민교육이다. 보훈시민교육을 위해 네 가지를 제안해 본다. 첫째는 온오프라인 보훈교육연구 플랫폼의 핵심 거점을 보훈교육연구원이 담당해야 한다. 보훈교육연구원은 1963년 설립(2001년 명칭 변경) 이후 보훈공공성의 전문성과 사회적 책무를 실현하는 공공기관으로서, 교육 및 연구 역량을 상당한 정도로 보유하고 있지만, 상대적으로 열악한 행·재정 지원을 받고 있다. 국가는 보훈교육연구원이 보훈공공성을 선도하는 보훈교육 연구기관이 될 수 있도록 중앙정부 차원에서 선제적으로 재정적·행정적 지원을 더욱더 강화해야 한다. 둘째는 보훈의 공공성 확보를 위해 초·중·고등학교의 자유학기제(자유학년제 포함)에 보훈 교육과정을 적극적으로 활용 또는 접목해야 한다. 셋째는 전국 대학기관들과 협의하여 대학생과 대학원생들이 현장 실습을 병행하거나 심화 연구를 할 수 있는 보훈교과목을 전공 또는 교양으로 개설·운영해야 한다.

열린 보훈커뮤니케이션을 위한 마지막 제안은 보훈교육연구원이 보훈교육전문대학원으로 발전할 수 있도록 이론적·제도적 방안을 도출해야 한다는 것이다. 지금이 바로 보훈교육전문대학원을 설립할 적기이다. 그 이유는 공동체 해체와 공공성 위기에 직면하고 있는 현대 한국사회에서 대학이 인재 양성 이외에 국가보훈과 공공성을 지역사회 및 마을공동체의 심장에서 살아 숨쉬게 할 수 있는 학과 교육의 허브 역할을 해야 하는데, 이러한 허브의 구축이야말로 대학의 핵심적 가치이며 실천이기 때문이다. 이같이 보훈을 대중과 함께 재구성하면서 성찰적으로 사유하고 실천하는 것이 바로 보훈의 공공성이다.

'나'의 실천원리
: 함께하기, 소통하기, 사랑하기

보훈공공성의 실현을 위한 '나'의 실천원리로서 함께하기, 소통하기, 사랑하기를 제안한다. 함께하기는 3.1절 만세운동, 4·19 시민혁명, 5·18 민주화운동, 6.6 현충일, 8·15 광복절 등의 국경일에 기념행사, 태극기달기운동, 자원봉사 등의 활동을 함께하며 협력, 연대하는 것이다. 소통하기는 자기 자신과 타자가 보훈 교육 및 연구의 장(場)에 적극적으로 참여하여 의견을 개진하고 소통·공감하는 것이다. 이러한 함께하기와 소통하기가 사랑하기로 승화되어 국가유공자와 그 유족을 위한 돌봄, 복지, 위로, 애도 등으로 이어진다. 이로써 이 세 가지 '나'의 실천원리가 보훈공공성의 시작이 되고 사회적 토대로 작동되어, '나'에서 '이웃'으로, '이웃'에서 '동네'로 이어져야 한다. 그러면서 공공성이 풍부하고 가득한 한국사회로 변화해 간다.

"그대는 매일 5분씩 나라를 생각해 본 일이 있는가. 진정한 애국심은 그 말의 실천에 있음을 알아야 한다"고 하신 도산안창호 선생의 말씀을 재음미하면서 체화(體化)된 보훈공공성의 실천을 기대해 마지않는다.

「프레시안」 (2020.4.11.)

코로나19 난국 속, 깨어 있는 시민들

김 상 돈_ 고려대학교 교육대학원 겸임교수

특정한 인사들이 지배하는 독재국가가 아닌, 초인들이 하모니를 이루는 높은 수준의 문화국가이자, 명실상부한 민주주의 국가가 김구 선생이 꿈꾼 이상적인 나라였다. 또 오늘을 살아가는 우리, 즉 깨어 있는 시민들이 함께 거들고 나서서 아름다운 우리나라를 이룩해야 한다고 김구 선생은 말씀하셨다.

대한민국 16대 노무현 대통령도 대통령 한 사람, 지도자 한 사람의 힘보다 "깨어 있는 시민들의 조직된 힘"이 민주주의와 역사발전의 훨씬 중요한 요소라고 강조하였다. 코로나19의 재난 극복의 답은 바로 이 깨어 있는 시민들의 조직된 힘과 나라사랑정신이다. 코로나19 재난이 엄습한 난국에서도 깨어 있는 시민들의 나라사랑정신의 힘을 보았기에 그들의 이야기를 전하고자 한다.

기초생활수급자 할아버지와 할머니들의 따뜻한 손길

2020년 2월 26일 모자를 푹 눌러쓰고 마스크를 착용한 익명의 80대 노인이 충남 서산시 사회복지과에 검은 비닐봉지와 편지를 남겨두고 홀연히 가셨다. 검은 비닐봉지에는 5만원과 만원 지폐 수십 장, 그리고 많은 동전들을 합하여 98만원이 들어 있었다. 당시 코로나19가 급속도로 확산하던 대구시민을 위로하고 확산 방지와 치유에 전념하는 공무원, 의료진, 자원봉사자 모든 분들에게 감사를 전하는 한 통의 편지를 건네고 홀연히 사라진 익명의 80대 할아버지. 이 어르신이 다녀간 뒤 며칠이 지나 80대 기초생활수급자 김모 할머니는 작년(2019) 7월에 사회복지공동모금회로부터 심장병수술비 300만원을 지원받은 것이 '너무 고마워서' 이를 보답해야겠다는 생각으로 정부로부터 받은 기초생활 수급 지원금으로 모아 놓아 둔 300만원을 기부하셨다.

서산시 팔봉면에 거주하는 76세 할아버지는 노인 일자리사업에 참여해서 받은 지원금 일부를 조금씩 모아 100만원을 코로나19로 힘들어 하는 분들을 위해 써달라고 기부하셨다. 코로나19가 비록 우리에게 일상생활을 멈추어야 할 만큼의 대재난이지만 기초생활수급자 어르신들의 연이은 따뜻한 기부는 '노마지지(老

馬之智: 늙은 말의 지혜)와 우공이산(愚公移山)의 교훈이고 코로나
19의 재난 극복을 위한 깨어 있는 시민의 힘이며, 나라사랑정신
실천의 귀감이라 할 수 있다.

임대료를 동결하거나 깎아주는 착한 건물주 운동

'착한 건물주 운동'은 코로나19로 경제적 고통을 받고 있는 임
차 소상공인들에게 '건물주'가 자발적으로 임대료를 인하해 주는
운동을 말한다. 일부 건물주들이 '착한 임대인 운동'으로 임대료
를 대폭 낮추어 자영업자를 응원하면서 전국적으로 확산되고 있
다. 예를 들면, 전북 전주 한옥마을의 건물주 14명이 3개월 이상,
10% 이상 임대료 인하를 주 내용으로 하는 '상생선언문'을 2월
12일 발표하자 전주 전통시장과 도심 건물주 110명이 이에 동참
했다. 인천 송도국제도시에 있는 복합쇼핑몰 '트리플스트리트'
(150개 점포 입점)는 임차인의 부담을 덜기 위해 2개월 동안 임대
료를 20% 내리기로 했다.

서울 남대문시장 내 4,000여 개 점포 주인들은 3개월간 임대
료를 20% 낮추기로 했으며, 부산 전포 카페 거리의 일부 건물주
들은 임대료를 20~60% 인하했다. 이러한 착한 임대주 운동이

기업으로 이어지고 있다. 신세계그룹이 코로나19 극복을 위해 9,000억 원 규모의 지원을 결정하면서 착한 건물주 운동에 동참하였다.

신세계백화점은 2,000여 개의 중소협력사에 4,000억 원, 이마트는 3,000여 개 사에 4,000억 원을 조기 지급하기로 하였다. 이러한 착한 건물주 운동은 지역사회의 상생동반자로서 기업의 사회적 책임(CSR) 실천운동이며, 노블레스 오블리주를 온몸으로 실천한 독립운동가 이회영 선생의 아름다운 나라사랑정신의 전통을 현대에 되살리는 일이다. 이덕일이 〈역사평설〉에서 "나라가 위기에 처했을 때 자신의 모든 것을 거는 지배층의 존재야말로 가장 강한 힘이다"라고 쓴 글귀를 인용해 보면서 착한 건물주 운동이 지속적으로 이어지기를 기대해 본다.

대구로 달려간 백의의 전사들

2020년 2월 18일 이후 대구·경북 지역의 폭발적인 코로나19 환자 급증으로 인해 대구 지역 사회는 공황상태에 빠져 들었고, 감염 환자는 나날이 늘어나는 데도 대구지역은 병실이 모자라고 의료 인력 부족으로 속수무책인 상태에 직면했다. 이러한 때에 전국의 보건의료진들이 자발적으로 대구로 달려가 대구지역의 의료진들과 함께 고통을 나누고 실천하는 장면은 대한민국 국민들에게 깊은 감동을 안겨주었다.

중앙재난안전대책본부의 발표에 따르면 "2020년 2월 28일까지 지원한 의료진은 853명이며, 직종별로는 의사 58명, 간호사 257명, 간호조무사 201명, 임상병리사 110명, 행정직 227명이 참가했다."고 발표했다. 전국에서 자기 생업인 병원을 잠시 휴업하고 대구로 모여든 의사가 있는가 하면, 간호 인력들도 자발적으로 대구로 모여들어 대구지역의 환자들을 돌보며 코로나19의 재난 난국에서 살신성인(殺身成仁)을 실천하였다. 20대 여성 간호사들은 위험 지역에 자원해서 들어와 일하는 이유를 "위급한 환자를 돌보는 게 간호사의 일이니까요"라고 단순명료하게 말하고, 장시간의 방역고글과 마스크 착용으로 상처난 볼과 이마에 반창고를 덧댄 어느 여성 의료인의 TV에 비쳐진 얼굴 모습은 세상에서 가장 아름답고 고마웠다.

이들은 오롯이 코로나19와 싸우며, 환자들을 돌보고, 코로나19를 퇴치하기 위해 자신들을 희생하였다. 바람도 통하지 않는 불편한 방호복을 착용하고, 식사도 제대로 할 수 없는 열악한 상태에서 지칠 대로 지친 상태임에도 불구하고 환자들을 돌보고 있는 모습에서 우리는 나라사랑 실천의 살아 있는 현장을 보았다.

깨어 있는 시민의 나라사랑과 끝까지 책임지는 보훈정책

중국 우한에서 시작된 코로나19가 전 세계로 빠르게 확산되고 하루에 수천 명이 사망하고 있는 글로벌 위험사회가 된 지금, 대부분의 국가들은 코로나19 확산을 막기 위해 국가비상사태를 선포하기도 하고, 마스크 착용을 의무화하며, 타국인 입국을 철저히 봉쇄하거나 엄격히 제안하고 있다. 우리나라에서도 1차 대유행에 즈음하여 대구 지역 사람과 신천지교인들을 경계하고 혐오하는 이기주의와 낙인찍기가 만연되기도 하였고 그 이후로 크고 작은 혐오 사건이 벌어지기도 하였으나, 한편에서 위험천만한 재난전선을 피하지 않고 "단 한 푼의 대가, 한마디의 칭찬도 바라지 말고 피와 땀과 눈물로 시민을 구하자"고 적은 대구시의사회 호소문을 보고 대구행을 결심한 60세 영상의학과 의사, 세월호의 빚 갚으려고 한달음에 대구로 달려온 광주구급대원, '대구의 부름에 달려왔다'는 안식년 60세 간호사, 그리고 코로나19의 모든 전선에서 고통을 함께 나누고 실천하고 있는 전국의 모든 자원봉사자들이야말로 깨어 있는 시민의 나라사랑에 대한 최후

보루이며 시민의 조직된 힘이다.

이렇게 깨어 있는 시민의 나라사랑이 있는 한 아무리 어렵고 힘든 국가적 재난 및 위기일지라도 반드시 극복될 것이다. 나라 사랑을 실천하는 깨어 있는 시민들이 바로 새로운 국가유공자 발굴 대상이며, 현대 한국사회가 거역할 수 없는 국가보훈의 시대정신이다. 그리고 순국선열·호국보훈·민주화운동 등에 대한 전통적 국가보훈을 계승하는 성찰적 보훈이며, 글로벌 위험사회에 대응하는 미래지향적 보훈이다. 대한민국의 보훈정책은 "나라를 위해 희생하고 공헌한 분들은 대한민국이 결코 외롭게 두지 않고 끝까지 기억하고 끝까지 책임지는" 정책임을 다시 한번 되새긴다.

「프레시안」 (2020.3.21.)

4차 산업혁명이
보훈정책에 주는 시사점

서 운 석_ 보훈교육연구원 연구원

4차 산업혁명은 인가과 기게의 잠새력을 극대화시키는 제반 기술혁신이 그 발전의 속도, 범위, 전체 경제/사회 시스템에 미치는 영향의 측면에서 산업 지형에 큰 변화를 가져올 전망이다. 이러한 전망의 근거로 ① 혁신적 기술의 확장성과 경제성, ② 과학기술 혁신의 가속화, ③ 사회 전반에 영향을 미치는 혁신제품/서비스의 지속적인 등장, ④ 정부/공공기관의 질적 변화 등 네 가지 요인을 꼽을 수 있다.

이와 같은 4차 산업혁명 시대에서는 정부와 공공기관의 목적과 기능에도 전반적인 변화가 요구된다. 그러나 4차 산업혁명에 대응하는 정부나 공공기관의 역할이나 기능에 대한 연구는 부족한 실정이라고 본다. 여기서는 우리 사회의 4차 산업혁명 전망을 확인해 보고, 이에 따른 정부 및 공공기관에 주는 시사점을 살펴보고자 한다.

4차 산업혁명은 인공지능, 사물인터넷, 빅데이터, 모바일 등

첨단 정보통신기술이 경제·사회 전반에 융합되어 혁신적인 변화가 나타나는 차세대 산업혁명을 의미한다. 이 용어는 2016년 세계경제포럼(WEF)에서 언급되었으며, 정보통신기술(ICT) 기반의 새로운 산업 시대를 대표하는 용어가 되었다. 이는 컴퓨터, 인터넷으로 대표되는 3차 산업혁명(정보혁명)에서 한 단계 더 진화한 혁명으로도 일컬어진다.

우리 사회는 이제 4차 산업혁명의 길에 들어서고 있다. 그런데 이것이 어떤 방향으로 진행될지, 어떤 결과를 낳을지는 장담할 수 없다. 따라서 4차 산업혁명에 걸맞은 근본적인 변화를 다각도로 준비할 필요가 있다. 이런 추세는 거부할 수 없는 속도와 규모로 진행되고 있기 때문에 사회적 관심이 적극적으로 필요하다고 하겠다.

보훈보상 제도와 함께 보훈정책의 핵심 중 하나는 보훈대상자들에게 양질의 복지서비스를 제공하여 건강한 삶을 유지하고 향상시키는 데 있다. 우리나라는 2018년 고령화율이 14%를 넘어서며 고령사회로 접어들었다. 특히 보훈대상자의 고령화는 매우 심화되어 있는 상태이다. 2018년 기준 국가유공자 대상별 평균 연령을 살펴보면, 전체 평균은 73세로 의료와 복지 수요가 증가하는 후기 고령자(75세 이상)에 근접해 있음을 알 수 있다.

이와 관련하여 2019년 기준 보훈대상별 현황을 보면, 본인 614,780명, 유족 230,574명 등 합계 845,354명이다. 이들은 여러 측면에서 다양한 특성은 가지고 있지만 연령을 대표적인 특성으로 하여 살펴보도록 하겠다. 보훈대상 중 70세 이상 현황을 보면 본인인 경우는 70.27%이고, 유족인 경우는 55.70%가 이에 해당한다. 본인과 유족을 포함한 전체를 대상으로 할 경우에는 이 비율이 66.29%이다. 이런 현황을 보더라도 보훈대상자의 특성 중에서 연령의 고령화가 매우 두드러진다는 것을 알 수 있다. 이런 의미에서 여기에서는 우리 사회의 4차 산업혁명 인식과 정부 및 공공기관에의 시사점으로 연령, 특히 70세 이상 고령층을 주요한 대상으로 하고자 한다.

우리 사회의 4차 산업혁명 관련 인식을 전반적으로 보면, 먼저 연령대가 높아질수록 4차 산업혁명에 대해 더 알지 못하는 것으로 나타났다.* 4차 산업혁명 인지에 있어 70세 이상 고령층의 인지 정도가 매우 낮은 점을 확인할 수 있었다. 다음으로 연령대가 높아질수록 4차 산업혁명이 생활에 미칠 영향에 대해 긍정적 반

---

* 서운석. 2019. "4차 산업혁명 인식과 공공기관에의 시사점 연구: 보훈공단을 중심으로"『대학교양교육연구』 4(2): 75-110.

응이 덜한 것으로 나타났다. 다음으로 70세 이상 고령층의 신기술에 대한 인지 정도가 매우 낮은 점을 확인할 수 있었다. 마지막으로 미래 도입 가능성 분야에 대한 인식을 살펴보면, 의료가 확실한 1순위를 보여주고 있었다. 4차 산업혁명과 관련하여 우리 사회는 특히 의료 분야에 대한 기대가 크다는 것을 보여준다고 하겠다. 그리고 특히 70세 이상 고령층에서 의료 분야에 대한 4차 산업혁명 도입에 대한 기대가 상대적으로 가장 크게 나타나고 있는 점을 볼 수 있었다.

4차 산업혁명이라는 새로운 물결에 우리 사회가 어떻게 대응하느냐에 우리나라와 국민의 미래가 달려 있다고 해도 과언이 아니다. 그런 만큼 4차 산업혁명에 관해 깊은 주의가 필요하다고 본다. 이를 정리해 보면 다음과 같다.

먼저 4차 산업혁명 역시 사람이 중심이 되어야 한다는 것이다. 노인, 장애인, 여성 등 취약계층이 변화 과정에서 소외되지 않도록 하는 정책적 배려가 있어야 할 것으로 본다. 둘째, 혁신성장과 4차 산업혁명 대응 전략을 실효성 있게 준비하여 국민들이 변화를 체감할 수 있도록 해야 한다는 점이다. 마지막으로 4차 산업혁명에 정부는 물론, 민간과 공공기관 등 사회의 범국가적 역량을 모아야 한다는 점이다.

이상에서 언급한 주의점과 더불어 보훈정책과 관련한 시사점으로는 먼저 고령 보훈대상자에 대한 의료 서비스 수요에 대한 응답과 이를 위한 조직 운영 혁신이라는 과제를 제시할 수 있다. 다음으로는 시민 참여 기구 운영을 통한 대국민 소통 및 참여 확대를 꼽을 수 있다. 이를 통하여 4차 산업혁명과 관련하여 고려해야 할 새로운 보훈의 여러 내용들을 다룰 수 있을 것으로 본다. 마지막으로 다양한 이해관계자 참여를 통한 국민 중심 전략 수립과 공유·확산이 필요하다는 점을 제시하고자 한다.

삶 속에 보훈문화가
자리매김하도록

윤 승 비 _ 보훈교육연구원 연구원

보훈에도 시간은 흐른다

나라가 곤경에 빠져 있을 때 한 치의 망설임도 없이 자신을 희생한 사람들, 그들 대부분은 청년들이었다. 그들은 나라의 독립을 위해 젊음을 희생했고, 국가 수호를 위해 청춘을 바쳤다. 청년은 한 시대의 주춧돌이 되어 나라의 발전을 이끌었고, 공평한 사회를 만들기 위해 투쟁했다.

나라마다 국가를 위해 희생한 사람들이 있고, 그들의 숭고한 정신을 본받아 세대를 이어 가며 빛내고 지켜 나가기 위한 제도가 있다. 나라사랑으로 이끄는 교육의 내용이나 교육 방법은 상황에 따라 다르지만, 선열들의 위훈과 업적을 기리며 후세에 전하고자 하는 마음은 같다.

예전의 청년은 이제 백순의 나이가 되었다. 이전 세대는 한 명씩 떠나가고 새로운 세대가 그 자리를 이어받고 있다. 우리의 새로운 세대, 즉 오늘의 청년들이 내일의 대한민국을 발전시키고 지켜 나가야 할 책임을 지니게 되었다는 의미이다. 세대는 바뀌고 사회는 변화한다. 변화는 점진적으로 진행되기도 하지만, 동시다발적으로 변화하기도 한다.

현대 사회의 환경은 급진적으로 변화하고, 정보화시대는 교육 시스템의 변화를 주도하며, 4차 산업혁명은 새로운 교육 문화를 요구하고 있다. 자유무역을 통해 전 세계가 하나의 경제시장을 형성하였고, 인터넷의 발달은 전 세계를 하나의 정보시장으로 연결해 놓았다. 앞으로 4차 산업혁명이 가져다줄 새로운 혁신의 시장은 청년들에 의해 더 빨리 달라질 것이다.

변화하는 보훈 환경에 새로운 보훈 프로그램을 도입하는 것은 국가관에 대한 건강한 사회의식을 제고하고, 나라를 사랑하는 정신을 심어주기 위함이며, 통합된 국가 공동체를 완성해 가기 위한 중차대한 문제가 아닐 수 없다. 나라사랑정신과 국가에 대한 자긍심이 지속적으로 약화되고 있는 상황에서, 특히 자라나는 청소년 세대에게 건전한 국가관과 애국심을 고취시킬 수 있는 교육을 실현하기 위한 제도적 교육 기반을 마련하는 것은 시급한 과제이다.

버튼 하나로 우리는 다양한 정보를 수집하고 공유하고 있다.

쉽게 접할 수 있는 인터넷을 통한 나라사랑 교육 콘텐츠를 개발하고, 시민교육을 위한 다양한 형태의 교육 방식을 도입하기 위한 고민을 해야 하는 시기이다.

교육 시스템에 나라사랑 교육을 융합해 냄으로써 이 땅에 태를 묻은 국민이라면 누구나 삶, 그 속에서 자연스럽게 배우고 습득해 가는 프로그램이 되도록 해야 한다. 이러한 제도적 교육 시스템을 통해 공동체적 사회의식을 제고하고 나라를 사랑하는 정신을 함양하며 대한민국의 보훈문화가 굳건히 자리매김 해 가기를 기대한다.

보훈학의
가능성을 모색하다

김 상 돈_ 고려대학교 교육대학원 겸임교수

보훈학의 개념과 목표

분과학문으로서의 보훈학은 국가유공자에 대한 연구와 교육을 넘어서 국가보훈에 대해 대중과 지속적으로 대화와 소통을 시도하는 학문을 의미한다. 보훈학은 보훈 연구가 현대 한국사회가 직면하고 있는 공동체 위기를 극복하고 공공성의 확보를 실체화 및 외부화하는 데 기여하기 위해 보훈 실무자와 연구자를 넘어서 대중과 더불어 국가보훈을 성찰하고 적극적으로 참여하는 학문을 지향한다.

국가 보훈의 분과학문 차원의 새로운 모색은 지금까지의 보훈정책이 '누구를 위한 보훈인가'와 '무엇을 위한 보훈인가'에 대한 근본적인 물음을 던지면서, 보훈공동체에만 안주하는 연구 및 교육 활동에 문제를 제기하고 상대화하는 데서 출발한다. 보훈학은 사회적 실천학이자 실천을 위한 이론이며, 보훈 행위에 대한 이론이다. 보훈이란 '보훈 실천이 영위되는 사회적 공간들 또는 장들의 합'이다.

이런 점에서 현재 한국사회가 당면하고 있는 보훈 현실에 기반한 다양한 사회문제를 정면으로 마주하고 미래를 준비하는 학문적 근거를 제공하는 것이 보훈학의 핵심이자 본질이 될 것이다. 또한 사회적 영역에서 보훈의 역할과 범위, 미래적 가치 등을 연구하고 실천하고 활동하는 것도 보훈학의 중요한 역할이다. 보훈학은 '시민사회'를 주요 발화 대상 영역으로 설정하고 국가 보훈을 주요 관심과 인식 대상으로 설정한다. 능동적이고 성찰적이며 독립적 주체인 시민사회가 보훈에 기반한 사회문제를 공론화하고, 그에 따른 대안을 모색하고 실천하는 것도 중요하다. 보훈학은 '시민사회의 국가보훈'에 대한 요구를 수용하고 사회적 영역에서 보훈을 연구하고 실천하고 활동하는 것이 그 핵심 전략이자 목표이다.

보훈학의 과제와 전제조건

이상에서 살펴본바 보훈학의 개념과 목표를 토대로 할 때 보훈학은 크게 네 가지 주제로 접근되어야 할 것이다. 첫 번째는 보훈학의 정의에 대한 것으로서, 성찰적 학문과 대중적 학문, 보훈 분과학문의 유형과 목적, 다양성 등이 포함될 것이고, 두 번째 는 보훈의 공적인 측면과 사회적인 측면, 보편적인 요소와 특수한 요소를 분별하는 세심한 접근이 필요할 것이다. 세 번째 는 보훈 공공성의 정의와 구조, 시작, 구성 요소 등이 해당된다. 네 번째 는 보훈학의 연구방법론 등 보훈외적-학문내적인 측면이다.

보훈학의 전제조건은 보훈의 공공성과 보훈의 실천적 지식인 이라고 할 수 있다. 보훈공공성은 공적인 것, 사회적인 것, 공통 적인 것을 기반으로 한 나라사랑, 보훈복지, 보훈소통이 핵심적 구성요소이다. 보훈공공성의 실현을 위한 실천 원리는 함께하 기, 소통하기, 사랑하기이다. 보훈의 공공성은 공동체 구성원으 로서 민주시민의 기본가치의 조화를 지향한다. 민주시민의 기본 가치는 다시 성숙한 시민의식과 직결된다. 민주시민의 자질로 요구되는 시민덕목은 정의, 평등, 준법, 자유, 통합성, 정직, 타 인의 고려, 충성, 권위이고, 훌륭한 시민적 자질은 현 시대 문제 에 대한 인식, 학교나 지역사회에 대한 참여, 주어진 책임의 수 용, 타인에 대한 배려, 도덕적·윤리적 행동, 사회 제반의 권위 인 정, 비판적 사고력, 합리적 결정 능력, 정치에 대한 지식, 애국심 등이다. 바람직한 시민의 태도로서 자기이해, 타인에 대한 존경,

그리고 가치에 대한 존중도 중요한 덕목이다.

보훈과 실천적인 지식인

보훈학의 가치와 이념이 공공성, 민주성, 시민성 등이라면, 보훈학의 지향은 실천적 지식인이다. 보훈에 있어서 실천적 지식이란 보훈분야에 관한 전문지식을 갖추고서 이를 실천하는 사회적 존재이다. 실천적 지식인으로서 중요한 행동적 가치는 장폴 사르트르가 제시한 앙가주망이다. 인간은 각자 자유로운 선택에 의해 과거를 성찰하고 현재의 자기를 초월하고 미래를 지향해 간다. 지금까지의 보훈정책을 성찰하고 현재의 보훈을 초월하여 미래보훈을 지향하는 것이 보훈의 앙가주망이다. 또한 앙가주망은 정치행동이나 사회참여뿐만 아니라 동시에 자유스러운 인간이 자기를 실현하는 것이다. 보훈에 있어서 실천적 지식인이 신문에 칼럼을 쓰거나 대중강연을 하는 행위는 보훈 분과학문이 지향하는 실천양식의 일부이다. 보훈에 대한 자신의 주의주장을 관철시키기 위해 정당에 가입하거나, 정치에 참여하거나, 보훈 관련 시민단체에서 활동하는 것 또한 보훈학의 전공자의 중요한 면모이다.

이런 식으로 보훈학은 시민적 가치와 공공성, 그리고 민주주의를 구현하고 실제 참여와 소통의 구조를 현실적으로 성찰하고 실천하는 학문을 지향하기 때문에 공허한 담론 또는 이론에 머물러 있는 학문의 장을 넘어서는 분과학문이며, 기존의 사회과학의 한계를 극복하는 분과학문이다.

「나라사랑신문」 (2020.7.6.)

보훈의 개념과
논쟁점

이 재 승_ 건국대학교 법학전문대학원 교수

보훈의 의의와 기본이념

보훈이라는 말은 "나라를 위해 들인 큰 수고와 노력에 보답하는 것"을 의미한다. 「국가보훈기본법」 제1조는 보훈의 의의를 "국가를 위하여 희생하거나 공헌한 사람의 숭고한 정신을 선양하고 그와 그 유족 또는 가족의 영예로운 삶과 복지 향상을 도모하며 나아가 국민의 나라사랑정신 함양에 이바지함"으로 밝힌다. 같은 법 제2조는 "대한민국의 오늘은 국가를 위하여 희생하거나 공헌한 분들의 숭고한 정신으로 이룩된 것이므로 우리와 우리의 후손들이 그 정신을 기억하고 선양하며, 이를 정신적 토대로 삼아 국민 통합과 국가 발전에 기여하는 것"을 국가보훈의 기본이념으로 선언한다.

이와 같이 「국가보훈기본법」 상 보훈 이념은 군인을 전제하지 않지만, 국가유공자법 제2조(예우의 기본이념)는 전몰군경과 전상군경을 비롯한 국가유공자의 희생을 언급함으로써 보훈이 국방과 직결되어 있음을 드러낸다. 미국 보훈부의 명칭(U.S. Department of Veterans Affairs)에도 퇴역군인(veterans)이라는 단어가 들어 있다. 우리나라 국가보훈처의 영문표기(Ministry of Patriots' and Veterans' Affairs)에는 퇴역군인 이외에도 애국자가 추가됨으로써 현대사의 복잡성을 담고 있다. 애국자는 맥락상 대체로 독립유공자를 의미해 왔다(「국가유공자법」 제4조 제1항 2호 참조).

우리나라 국가보훈 약사

「군사원호법」은 1950년 6월 1일, 「경찰원호법」은 1951년 6월 1일 등 한국전쟁 시기에 제정되었다. 「경찰원호법」도 전투 행위와 관련하여 발생한 상이자, 사망자와 그 유족을 위한 법이었다. 군경에 대한 원호업무는 여러 부처에 분장되었다가 1961년 7월 5일 내각 직할의 군사원호청(軍事援護廳)이 설치되면서 군인에 대한 원호업무를 통일적으로 관장하였다. 군사원호청은 1962년 4월 16일 원호처로 개편되었고, 1962년 4월 16일 「국가유공자및월남귀순자특별원호법」(법률 제1053호)이 제정되어 애국지사(독립운동가) 및 그 유족, 4·19 상이자 및 4·19 사망자의 유족, 월남귀순자를 보호하기 시작하였다. 애국지사 및 그 유족은 내각사무처가, 4·19 상이자 및 그 유족은 원호처가, 월남귀순자는 국방부가 각기 국가수호자특별원호심사위원회를 설치하여 해당 여부를 심사하였다. 원호처는 1985년 1월 1일 국가보훈처로 개편되어 현재에 이르고 있다. 국가보훈처 활동의 중요한 법적 기반인 「국가유공자예우등에관한법률」('이하 「국가유공자법」')은 1985년 1월 1일에 시행되었다.

국가유공자법에 따라 종래 '원호대상자'라는 용어 대신에 '국가유공자'라는 개념이 정착되었다. 국가유공자는 '전몰상이 군경'뿐만 아니라 '애국지사(독립운동가)', '4·19 의거 사망자'나 '4·19 의거상이자', 여타 '국가사회발전특별공로순직자, 상이자, 특별공로자'를 포함하는 상위개념이 되었다. 오늘날 국가유공자는 각기 호국유공자, 독립유공자, 민주유공자, 사회공헌자로 유형화되었다. 현재 4·19 희생자와 5·18 희생자 이외에도 민주화운동의 희생자도 국가유공자로 인정되어야 한다는 요구가 높다. 네 가지 유형 중 사회공헌자는 다른 용어에 비해 일반에게 다소 생소하다. 1983년 버마 아웅산 묘소 폭파사건으로 사망한 17명이 사회공헌자(특별공로순직자)로서 처음으로 국가유공자로 인정되었고 2019년 8월 고 윤한덕 중앙응급의료센터장도 동일한 사유로 국가유공자로 인정되었다. 자신의 생명이나 신체상의 위험을 무릅쓰고 급박한 위해에 처한 타인을 직무 이외의 행위로서 구조행위를 하다가 사망하거나 부상을 입은 의사상자(義死傷者)들도 사회공헌자 유형에 해당한다. 이에 대해 별도로 보건복지부가 주요 담당 부처가 되는 의사상자법이 존재한다.

국가유공자의 과거와 현재

국가보훈처는 과거에 군인에게만 초점을 맞추어 왔던 관행에서 벗어나 독립유공자, 민주유공자, 사회공헌자를 적극적으로 국가유공자로 인정할 것을 요구받는다. 전태일 열사나 이한열 열사는 아직 국가유공자로 인정되지 않았다. 영화 〈암살〉 이후에 의열단원 김원봉의 삶을 재조명하면서 독립운동가로서 그를 예우할 것인지를 두고 사회적인 논란이 빚어졌다(독립유공자법에 따르면 적성 지역에 들어간 사람은 독립유공자에서 제외된다). 이러한 논쟁은 역사적 인물들과 역사 자체에 어떻게 통합적으로 접근해야 하는지, 나아가 통일 이후 과거의 인물들을 어떻게 취급해야 하는지에 대한 난해한 과제를 남겨 놓았다.

앞의 네 가지 범주를 통일적으로 표현하기 위하여 '원호대상자'라는 영혼 없는 개념 대신에 국가유공자가 일반적인 용어로 자리 잡았다. 그런데 이 개념이 현대 다원주의적인 민주 사회에 적합한지에 대하여 의문을 제기할 만하다. 전쟁과 심각한 재난 상황에서 죽음을 감수한 전사자나 사망자에 대해 유공자라는 명칭을 붙이는 데에 주저하지 않지만, 일반적인 공무수행 중 사망한 사람에게 유공자리고 특별히 예우하는 것이 타당한가? 나아가 사기업에서 헌신적으로 일하다가 사망한 사람과 공무원으로서 헌신적으로 일하다 사망한 사람 사이에 차이를 두어야 하는지도 의문이다. 국가유공자법은 군인·경찰에 대해서는 논외로 하더라도 일반 공무원에게 유공자 인정의 기회를 제도적으로 부여하지만 일반 직장인들에게는 그러한 기회를 봉쇄한다. 자칫하면 국가유공자법이 관존민비의 신분제적 사고를 확산시킬 여지도 있다.

국가유공자 인정 관행은 전통적인 법문화나 사회주의권 국가에서 찾아볼 수 있다. 동서양을 막론하고 과거의 신분제 사회나 명예를 존중하는 사회는 유공자나 그 유사관념들이 있다. 특별한 공적을 세운 사람들에게 작위를 부여하거나 식읍을 하사하는 사례는 매우 흔하다. 국가공동체를 위해 특별한 희생을 당한 사람에게 적절한 처우를 제공하는 것은 공동체나 연대체가 존속하기 위한 기본적인 조건이다. 한편 공신 등급 확정에 불만을 품은 인물(이괄)이 반란까지 불사하는 사례를 통해서, 인정욕구의 위험성을 엿볼 수 있다. 한국사회의 사회문화적·종교적 기초는 유가적 명예 존중이나 가문의 영광과 직결된다. 이러한 문화적 인정욕구 이외에도 유공자 인정에 따르는 경제적 보상 측면도 무시할 수 없다. 인정의 두 가지 계기를 구분하고 제도를 합리적으로 설계하는 것이 중요하다.

국가유공자와 국가보훈처의 미래상

첫째, 국가유공자와 같은 권위주의적이고 전통적인 범주를 민주적이고 시민적 시각으로 점진적으로 해소해 나가야 한다. 보훈법제는 우리 사회의 연금이나 사회보험과 밀접하게 관련된 경제적인 문제이기도 하다. 보훈법제는 특수신분을 창조하거나 세습을 허용할 수도 없고, 더욱 유리한 경제적 처우를 보장하기 위한 방편이 될 수 없다. 과거에 불충분한 연금제도를 보상해주는 방편으로서 정당화된 보훈법은 오늘날에는 연금법과 기능을 중복 수행하고 있다. 이 모든 제도는 국민의 세금으로 운용되기 때문에 유공자들 간의 형평뿐만 아니라 유공자와 일반 국민 간의 형평의 관점에서 검토되어야 한다.

둘째, 국가보훈처는 경제적 보상과 상징적 보상을 구분해야 할 뿐만 아니라 후자에 중점을 둔다. 상징적 보상은 훈·포장 수여 또는 정부의 기념식, 기념사업, 국립묘지 안장과 관리 등에 관한 것이다.

셋째, 국가보훈처는 경제적 보상 문제에서 다층적인 조치를 취해야 한다. 경제적 보상은 다른 국가기구가 기본적으로 담당해야 한다. 어느 법제에 의해서도 보상받지 못한 특별한 희생자의 보상 문제만 보훈처가 보충적으로 담당하는 것이 합리적이다. 다른 한편, 다른 법령에 의해 경제적인 보상을 받았지만 여전히 경제적으로 불우한 처지에 놓인 희생자들에게는 '생활조정수당'을 통해 부족한 부분을을 보완해 나가야 한다. 한마디로 희생자에 대한 경제적 보상의 문제는 이중적으로 해결하는 방향으로 접근해야 한다.

희생자가 직종연금을 통한 실질적 보상을 받을 수 있는 경우에는 국가는 원칙적으로 추가적인 보상을 시행하지 않는다. 직종 연금의 수령자가 더 많은 연금을 수령하기 위해 유공자 인정을 받을 수 있게 하는 방식을 봉쇄한다. 보훈연금은 보상을 받지 못한 희생자에 대해서 보충적인 기능을 수행하는 것으로 족하다. 그 경우 보훈연금은 직종연금의 평균보상액과 유사한 수준을 유지하도록 하는 것이 바람직할 것이다. 물론 국가에 따라서 특수한 위험업무를 수행하다가 사망한 사람이나 전사자에게는 일회적 보상금을 추가적으로 지급하는 것은 바람직하다.

넷째, 국가보훈처는 현재 희생자와 유족에 대해서 보훈복지(의료, 교육)를 제공하고 있는데, 이러한 역할은 장기적으로도 필요하며 다른 국가기관과의 협력이 요구된다. 어떠한 보상도 특수한 승계 방식을 통해 세습되지 않도록 해야 한다. 보상에 관한 모든 제도는 국민 일반의 시각에서 지지받을 수 있는 설계도(생활보상, 의료보험, 국민연금)와 대체로 조화되어야 하기 때문이다.

다섯째, 장기적인 시각에서 국가보훈처는 국가폭력이나 사회적 참사의 희생자를 기리는 일을 통합적으로 관장해야 한다. 국가폭력의 희생자는 물론 유공자 개념과 전혀 어울리지 않는다. 국가 폭력의 희생자나 사회적 참사의 희생자의 죽음에 대해 '선양(宣揚)'을 말할 수 없다. 이 경우 우리는 희생자들에 대한 애도와 기억을 말해야 한다. '공적으로 무엇을 기억해야 하는가?'라는 물음은 보훈 업무의 미래적 과제에 대한 질문이다. 이제 보훈의 전통적인 관념에서 탈피해야 할 것이다. 그 경우 국가보훈처보다는 비망부(備忘部)나 '선양애도부'라는 명칭이 적합할 것이다.

제2부

보훈법제와 선양

군인의 죽음을 대하는 법률들

이 재 승_ 건국대학교 법학전문대학원 교수

군인의 죽음과 책임의 한계

　정치는 죽은 자의 넋을 위로하고 살아남은 자의 고통을 관리하는 과정이다. 기존 제도의 개선과 재발 방지 체제의 구축이 객관적인 세계에서는 중요하지만, 슬픔의 바다에 빠져 있는 유족한테는 그조차도 슬픔을 외면하게 하는 뜬구름으로 보일지도 모른다. 우리는 4.3이나 5·18 희생자, 세월호 참사의 희생자, 전사자의 유가족의 고통과 외침에서 이와 같은 착잡한 정서를 매번 느끼게 된다. 애도, 진혼, 보훈의 방식은 시대와 장소에 따라 차이를 보여준다.

　군인의 죽음에 대한 한국의 법제는 경제적 조건의 개선과 책임 관념의 강화에 따라 긍정적으로 변화해 왔으며, 한국만의 독특한 측면도 간직하고 있다. 어쨌든 국가는 다양한 원인에 의한 희생자와 유족에게 애도와 진혼을 통해 인간다운 세상을 약속해야 한다. 우리는 장차 군인의 죽음에 대해서 우리의 사회문화적 책임의식에 어울리는 새로운 경로를 조성할 수도 있을 것이다.

죽은 군인을 기리는 일은 가장 중요한 애국주의적 소재이다. 훌륭한 인물의 품위 있는 묘역은 백 마디 말이 필요 없는 교육의 공간이다. 군인의 죽음을 보편적 정의와 책임의 관점에서 환기시켜주는 한계 사례는 아마도 '자해사망(자해사망이라는 이색적인 용어는 자살이라는 용어가 함축하는 자살자의 자기책임성-국가무책임성-을 회피하기 위하여 보훈법학에서 일상적으로 사용되는 자살의 대체 개념이다-필자주)'한 군인의 처우 문제일 것이다.

군인의 자해사망을 대하는 태도의 변천사

전사자와 같은 순직자에 대한 처우는 동서고금을 통해 법제상 유사하다. 그러나 군인의 자해사망을 취급하는 방식은 상당히 다르다. 특히 해당 국가의 사회보장법제, 연금법제, 국가보상법제, 제대군인지원법제의 상호연관성과 발전 정도에 영향을 받는다. 사회보장 제도가 허술한 사회에서는 보훈·청구권은 유족에게 매우 중요한 생존 수단이 되지만, 충실한 사회보장 제도를 갖춘 사회에서는 보훈법의 영역과 사회보장법의 영역이 상보적으로 작동한다. 우리의 경우는 전자에 가깝다. 인간다운 삶을 보장한다는 측면에서 후자의 제도 형태가 바람직해 보인다.

근대 보훈법제의 초기 역사를 보면 대부분의 국가는 죽음을 불사하는 행동을 찬양하는 반면, 군인의 자해사망을 종교적·도덕적으로 비난하고, 그 유족들에게도 보훈청구권을 인정하지 않았다. 오늘날의 법문화는 자해사망의 사회학적-병리학적 측면을 통찰하면서 개인적 귀책사유가 아닌 부대 환경적 귀책사유로서 자해사망을 주목하기 시작하였다. 또한 전사든 자살이든 군인의 죽음 자체에 군대와 공동체의 특별한 배려가 필요하고 그만큼 책임이 존재한다는 의식이 성장하기 시작하였다. 국가공동체의 수호와 존속을 위한 위험스럽고 힘든 노동과 그 불행한 결과를 합리적으로 분배해야 한다는 정의론적이고 실용주의적인 사고까지 널리 등장하였다.

군인의 자해사망을 대하는 각국의 입장

이러한 배경에서 군인의 자해사망에 대해 국가 책임이 존재한다는 데에서는 의견이 일치하지만 구체적인 내용에서는 상당한 차이가 존재한다. 미국은 자해사망에 있어서 직무 관련성을 폭넓게 추정하고 자살 결행의 심리를 비정상적인 상태로 추정함으로써 개인의 책임을 부정하고 국가 책임을 확장한다. 물론 이러한 추정을 깨뜨리는 반증이 이루어지는 경우에는 국가의 책임이 배제된다. 국가의 책임이 배제되는 경우를 대비하여 미국은 군인 단체보험을 운영하고 있다. 미국은 세계 전역에서 크고 작은 전쟁을 수시로 치르는 데다가 모병제를 시행하기 때문에 이러한 관대한 처우를 하지 않는다면 군대를 유지하는 데에 심각한 어려움이 발생할지도 모른다. 과거에 군인의 자해사망을 순직으로 인정하는 데에 인색하였던 대만과 이스라엘도 오늘날에는 국가 책임을 인정하고 있다. 물론 이 국가들 간에도 국가 책임의 인정 방식 또는 범위에서 여전히 차이가 존재한다. 현재로서 순직자(부대 내 과로나 이로 인한 정신적 장애로 자해사망한 군인)와 비순직자(사사로운 이유로 부대 안에서 자해사망한 군인)에게 동일하게 국가 책임을 인정하는 나라는 찾기 어렵다. 그러한 동일시 정책은 군인의 모든 죽음을 국가가 책임져야 할 공동체적 불운으로 간주하는 경우에 실현될 수 있을 것이며 이러한 방향의 정책도 합당성을 가진다. 그러한 제도적 비전이 실현된 때에는 보훈법제, 연금법제, 보험법제가 하나의 방향으로 작동하게 될 것이다.

독일은 자해사망이 순직으로 인정되는 경우에는 유족에게 보훈 혜택을 당연히 제공하지만, 순직으로 인정되지 않은 경우에도 유족의 생활보장을 위해 제한적인 또는 한시적인 보훈 혜택을 제공하는 점이 특징이다. 한국의 보훈법제는 순직자로 인정되는 경우에만 각종 보훈혜택을 제공한다. 즉 일반사망자(비순직자) 유족의 생활 상태를 거의 고려하지 않음으로써 제도적으로 경직되어 있다. 대만은 자해사망을 전사, 순직, 일반사망으로 구분하고 질병사나 자해사망을 일반 사망의 범주에 포함하여 자해사망자의 유족에게 전사자 유족의 보상금의 7할을 제공한다. 대만인들의 실용주의적 접근 방식이 두드러진다. 그러나 살인과 같은 중대한 범죄를 범한 연후에 자해사망한 군인에게는 보상금을 지급하지 않음으로써 제도의 허용치의 한계를 설정해 놓았다.

우리나라의 군인 자해사망자에 대한 처우

2012년 우리나라 대법원은 업무와 자해사망 간에 상당인과관계가 있는 경우에 국가의 책임을 인정하였다. 이는 종래 본인의 자유의사가 개입한 죽음에 대해서 국가 책임을 배제해 왔던 판례를 전복한 것이다. 2012년 판결은 자유의사 개입 여부를 따지지 않기 때문에 독일의 판결보다 전향적이다. 실제로 현재 독일의 판결은 우리나라 과거의 판결과 논리적 구조가 동일하다. 독일은 그러한 논리 아래서도 현재까지는 한국보다 훨씬 빈번하게 자해사망자를 순직자로 인정해 왔지만 만일 한국의 법원이 2012년 대법원 판결에 충실하게 된다면 순직자의 인정 비율에서 독일을 압도할 것이다.

군인 자해사망자에 대한 공동체의 책임

공동체의 구성원들이 책임의식에서 어떤 공감대를 이룬다면 좋은 제도가 탄생할 수 있다. 공동체의 성원 모두가 일부 성원의 힘들고 위험하고 전인격적인 노동과 희생을 통해 어떤 이익을 향유한다면 그 사실에서 책임의 연결고리가 존재한다. 이러한 사고의 좋은 실례가 사유에 관계없이 의무복무 중 사망한 군인에 대하여 국가 책임을 인정하자는 제안이다. 민주당 이학영 의원은 이러한 취지의 법안을 20대 국회에 제출하였다. 의무복무 군인이 징병제 아래서 원칙적으로 심각한 심리적 부담을 지고 있다는 점, 징병 당국이 다양한 심리적-정신적 장애를 징병검사 과정에서 사전적으로 발견하고 스크린하지 못한다는 점, 사후에 군복무 과정의 군인에 대해 군 당국이나 지휘관의 배려 감독 책임이 존재한다는 점 등에서 자해사망한 의무복무 군인에 대한 국가 책임을 폭넓게 인정하자는 주장은 타당하다. 그러나 이러한 고려가 의무복무 군인에게 한정될 것은 아니다. 초급장교나 단기부사관의 자해사망도 최근에 현저하게 늘어났다는 사정을 유의해야 한다.

자해사망자와 관련한 법 체제 정비의 과제

군인의 순직 판정에 있어서 독일, 대만, 미국 등은 단일한 절차를 운용하지만 한국에서는 국방부와 국가보훈처가 독자적인 법에 입각해서 독자적인 판단을 내리고 있다. 이러한 상황은 국가보훈처를 독립적인 기관으로 출범시키면서 양부처의 권한관계를 명료하게 획정하지 못함으로써 나타나는 일시적인 문제라고 여겨진다. 어쨌든 군인의 죽음을 복수의 국가기관들이 상이하게 판정하는 것은 유족에게는 심각한 고통과 번폐를 야기한다. 단일한 법제 안에서 단일한 기관이 순직 여부를 통일적으로 판단하고 합당한 분류 방식에 따라 보훈 혜택을 제공해야 한다. 장기적으로 국가 보훈법제의 통합 운영을 재설계해야 하겠지만, 단기적으로 군인 보훈법제의 통합 운영이 시급하다. 순직이라는 사안에 대하여 여러 가지 법이 동시에 경합적으로 혹은 선택적으로 적용되는 것이 합리적인지 의문이다. 적용사유를 부자연스럽게 구분하는 법률쪼개기(보훈보상지원법의 제정)로 열등한 권리범주를 창조하는 것은 관련자의 권리를 침해할 뿐만 아니라 보훈제도의 생명이라고 할 수 있는 유연성을 해친다.

직업군인을 위해서 군인연금법을 유지하는 것이 바람직하다면 이 제도를 병을 포함해서 모든 군인에 확장시키는 것이 또한 바람직하다. 그 경우 의무복무 군인의 기여금은 국가가 대납하면 된다. 독일에서는 군인이 기여금을 납부하는 방식의 제도는 존재하지 않는다. 독일의 군인보훈법은 모든 문제를 하나의 법안에서 해결하고 있다. 현재와 같이 군인연금 재정에 대한 국가 기여분의 비중이 압도적으로 높은 경우에는 군인연금법을 강화하여 군인의 죽음이나 퇴직, 상이와 관련된 모든 문제를 다루는 플랫폼으로 삼는 것이 바람직하다고 생각한다. 장기적으로 보훈법제와 연금법제가 영역상 상충하지 않으면서 통합적으로 운영되도록 해야 한다. 상이한 시기에, 상이한 발전 수준에서, 상이한 정책 목표에서 유사한 사태들이 다양하게 규율되고 있기 때문이다. 이는 보훈법제의 합리적 개편의 과제이다.

「프레시안」 (2020.5.11.)

헌법이 그리는
대한민국

임 상 순_ 평택대학교 교수

모든 법의 근거가 되는 헌법

7월 17일은 제헌절이다. 제헌절은 3.1절, 광복절, 개천절, 한글날과 함께 5대 국경일이다. 제헌절을 글자 그대로 보면 헌법을 제정한 날이다. 하지만, 현재의 헌법 서문에도 나와 있듯이 우리나라 헌법은 7월 12일에 제정되었다. 7월 17일은 초대 국회의장이던 이승만 의장이 헌법안에 서명하고 공포함으로써 헌법의 효력을 발생시킨 날이다. 따라서 엄격한 의미에서 현재의 7월 17일은 헌법을 공포한 '공헌절(公憲節)'이라고 불러야 할 것이다.

헌법은 우리나라 법체계에서 최상위 법 규범으로 국민의 권리와 의무 등 기본권에 관한 내용뿐만 아니라 국가기관 등 통치기구의 구성에 대한 내용을 담고 있으며, 모든 법령의 기준과 근거가 된다. 즉 국회에서 제정하는 법률, 행정 각 부에서 만드는 명령, 지방의회에서 제정하는 조례, 지방자치단체장이 만드는 명령의 기초가 되는 우리나라 최고의 법 규범이라고 할 수 있다. 제헌절을 맞이하여, 우리나라 헌법이 실현하고자 하는 이상적인 대한민국의 모습 두 가지를 살펴보고자 한다.

함께 사는 공화제 실현이 중요한 과제

첫째, 민주공화국의 실현이다. 민주공화국은 민주와 공화가 이루어진 나라를 말한다. 국민에 의한 다스림을 의미하는 민주(民主)는 매우 단순하고 익숙하다. 그런데, 공화라는 단어는 낯설다. 공화의 한자를 보면, 함께 공(共), 서로 사이좋을 화(和)이다. 구성원들이 서로 화목하고, 사이좋게 지내는 국가를 말한다. 한마디로 민주공화국은 주인인 국민들이 자기의 개인적인 이익만을 추구하지 않고 평등하고, 화목하고, 사이좋게 살아가는 국가를 의미한다.

둘째, 자유민주적 기본 질서에 입각한 통일 한반도의 실현이다. 1945년 8월 해방 이후 미군의 남한 주둔, 소련군의 북한 주둔으로 시작된 영토 분단은 1950년 6·25 전쟁을 거치면서 이념 분단으로 이어졌고, 75년이 지나면서 민족 구성원들 간에 서로를 용납하지 못하는 민족 분단으로 진행되고 있다. 우리 헌법은 대통령에게 '조국의 평화적 통일'을 위하여 노력할 것과 이를 위하여 '평화적 통일 정책'을 수립하고 추진할 것을 요구하고 있다.

2020년 7월 17일 72주년 제헌절을 맞이하여, 우리 대한민국은 헌법에서 실현하고자 하는 민주공화국, 통일 한반도 실현이라는 이상에 어느 정도 가까이 다가가 있는가?

1987년 6월 민주항쟁 이후 '민주'의 가치는 많이 실현되었다. 2017년 국민들은 촛불을 들고 광장에 모여 최고 권력자인 대통령을 권좌에서 몰아내었다. 하지만 '공화'의 가치, 즉 개인의 이익과 소극적 자유보다 공적 이익과 공동체의 안녕을 더 우선시하는 풍토가 정착되고 있는지는 의문이다. 2019년 4월 11일 통계청이 발표한 소득분배지표에 따르면, 우리나라는 OECD 36개국 가운데 불평등 순위는 30위, 상대적 빈곤율은 29위이다. 2020년 6월 경실련 발표에 의하면, 지난 3년 사이에 서울 아파트 중간 가격은 6억 원에서 9억 원으로 52% 증가했다. 안타까운 것은 코로나19 팬데믹 사태를 겪으면서 사회적 양극화가 더욱 심화되고 있다는 것이다.

남북 관계와 통일의 문제를 살펴보자. 2018년 문재인 대통령은 4월, 5월, 9월 세 차례에 걸쳐 김정은 국무위원장과 정상회담을 했고, 4.27판문점 선언과 9.19평양공동선언, 남북 군사합의를 이루어내었다. 하지만, 지난 6월 16일 북한은 4.27판문점 선언에 근거하여 개성에 설치한 '남북연락사무소'를 폭파하고, 우리가 남북대화를 위하여 제안한 특사 파견을 공개적으로 거부했다.

위기, 위험과 기회, 도약의 발판으로

　2020년 7월 현재, 한반도는 위기를 맞이하고 있다. 코로나19 바이러스로 인한 　전염병이 전 세계를 휩쓸고 있고, 한국 내 사회 양극화는 더욱 확대되고 있으며, 남북 관계는 2018년 판문점 선언 이전으로 후퇴하고 있다. 이러한 상황에서 미국 케네디 대통령의 통찰을 소개한다. 케네디는 그의 연설에서 위기(危機)라는 두 글자에 주목했다. 첫 글자는 위험(危, Danger)의 의미이고, 두 번째 자는 기회(機, Opportunity)의 의미이다. 우리는 지난 1997년 IMF 사태 때, '나라'를 '사랑'하는 마음으로 금모으기 운동에 나섰고, 결국 우리는 IMF 사태를 성공적으로 극복했을 뿐만 아니라, 제2의 도약을 위한 기회로 전환시켰다. 2020년 우리는 '나'와 '이웃'을 위한 '마스크 착용하기', '사회적 거리두기' 운동에 적극적으로 동참하고 있으며, 전 세계가 부러워하는 'K-방역'을 성공적으로 실행하고 있다. 우리 국민들은 '나라사랑'의 마음으로,

문재인 정부가 남북 관계를 개선하여 평화통일의 발판을 마련하도록, 그리고 사회 양극화 완화를 위한 정책들이 성공할 수 있도록 적극 지지하고 협력해 나가야 할 것이다.

「나라사랑신문」 (2020.7.20.)

궁능유적본부와
현충시설본부

서 운 석 _ 보훈교육연구원 연구원

문화재청 궁능유적본부는 코로나19로 힘든 시기를 보내는 국민을 위로하고자 5월 16일부터 6월 30일까지 구리 동구릉 숲길을 포함한 조선왕릉 숲길 9선을 개방했다. 이 중 특히 동구릉 내 휘릉과 원릉 사이 숲길 1.4킬로미터 구간은 이번에 처음 개방하는 구간으로, 5~6월에 종모양의 흰 꽃이 흐드러지게 피는 때죽나무가 왕릉 소나무의 초록색 빛과 어우러져 숲길의 아름다움을 더한다고 한다.

　문화재청 궁능유적본부는 조선의 궁궐·종묘·사직·왕릉의 효율적 보존 관리와 활용을 위해 2019년 1월 1일 출범하였다. 궁능유적본부는 대한민국을 대표하는 궁능문화유산의 가치 창출이라는 비전에 따라 궁궐과 왕릉을 누구나 즐길 수 있는 품격 있는 문화유산으로 실현하고, 원형을 복원하고 보존하여 후세에 온전히 물려줄 수 있도록 노력하며, 국민과 함께 누리는 공간으로 만들어 나가는 것을 목표로 하고 있다. 궁능문화재과와 조선왕릉

관리소를 통·폐합하여 신설한 궁능유적본부는 2과, 9관리소 체제로 조직되어 있다.

이런 눈에 보이는 문화유산의 보존 활용 노력과 함께 돌아보아야 할 국가유공자의 공헌과 희생의 역사는 보이지 않는 우리 사회의 소중한 정신적 자산이다. 따라서 궁능유족본부처럼 이 자산을 효율적으로 관리할 방안을 찾는 일이 필요한 오늘이다.

국가적 기억을 보존하고 후세에 전승함으로써 사회 발전에 기여하기 위한 보훈의 핵심적 기능 중 하나로, 역사 인식이나 정체성의 근거를 제공하는 것이 선양정책이다. 이런 선양 정책의 소재가 될 수 있는 것은 인적·물적 또는 무형적·유형적 형태를 막론하고 한 민족이나 국가가 경험한 사실이나 가치들이라고 할 수 있다. 그리고 현충시설은 이런 선양 정책을 실현하는 대표적인 사적이라고 하겠다.

현충시설은 국가유공자 또는 이들의 공훈과 희생정신을 기리기 위한 건축물·조형물·사적지 또는 국가유공자의 공헌이나 희생이 있었던 일정한 구역 등으로서, 국민의 애국심을 기르는 데에 상당한 가치가 있다고 인정되는 것이다. 현충시설은 독립운동 관련 시설과 국가수호 관련 시설로 구분된다. 현충시설에는 각종 기념비, 기념탑, 기념관, 전시관, 사당, 생가 등이 포함된다.

2020년 5월 현재 기준으로 국가보훈처 현충시설정보서비스에 등록된 국내 현충시설은 2,172개소로, 이 중에서 독립운동 관련 시설이 938개소, 국가수호 관련시설이 1,234개소이다. 전체 현충시설 현황을 보면, 비석이 1,088개소로 가장 많고, 그다음으로는 탑 527개소, 동상 160개소, 장소 97개소, 기념관 84개소, 사당 54개소, 조형물 50개소, 생가 46개소, 기타 66개소 등이다.

현충시설 관리조직을 보면, 국가보훈처는 2006년 8월 현충시설과를 설치하고 현충시설심의위원회 구성 및 개최, 건립과 개·보수 지원 및 현충시설 활성화 지원계획 등 현충시설 정책총괄 업무를 수행하고 있으며, 21개 지방보훈(지)청에서 관내의 현충시설 관리 및 활성화 지원 업무 등을 수행하고 있다. 2020년 현재는 보훈선양국 소속의 현충시설과로 운영되고 있다. 현재 현충시설과의 기능을 보면, 현충시설의 건립·지원 및 활용 등 정책의 종합기획 및 조정, 현충시설에 관한 법령의 입안, 제·개정 및 연구·발전, 국내 현충시설의 실태조사 및 개·보수 지원, 국외 독립운동 관련 시설 실태 조사 및 복원·관리 지원, 현충시설을 활용한 보훈정신 고취에 관한 사항 등을 중점적으로 추진하고 있다.

이런 현충시설에는 국가유공자 생가 등이 포함되고, 그간의 현충시설 건립 과정에서 유족 등 민간에 의하여 주도된 경우도

적지 않았다. 따라서 현충시설이 한편으로는 사적인 소유물로서 개인적으로 관리되기도 하고, 지방정부 등 관리 주체가 다양하여 현실적으로는 체계적인 관리가 이루어지지 못했다는 지적이 있어 왔다.

이에 국가보훈처는 합리적인 현충시설 관리를 위하여 지속적인 노력을 하고 있으며, 새로운 방안을 계속 발굴해 나가고 있다. 그러나 현충시설의 체계적인 보존과 관리에는 적지 않은 문제점이 상존한다. 따라서 현충시설의 건립, 관리, 운영, 활용 등에 관한 종합적인 관리 체계를 구축하는 일이 계속적으로 추진되어야 한다. 법령 제정과 정비를 통해 관리·운영 주체의 업무와 역할을 분명히 하고, 예산·인력 등 자원 배분에 관한 합리적 기준과 범위를 설정하며, 체계적이고 통합적인 관리와 활용을 위한 전담조직 설립 방안 등을 모색해야 한다. 그리고 미등록 사적지에 대한 체계적인 발굴과 관리를 강화해야 한다. 미등록 시설의 경우는 관리상의 문제가 발생했을 때 적절한 조치가 이루어지지 않아 훼손되거나 멸실될 우려가 크기 때문에 국가 차원의 적극적인 발굴과 관리가 필요하다.

이런 필요에 문화재청 궁능유적본부가 참고가 될 수 있을 것이다. 우선 전국적으로 많은 개소가 분포하고 있는 현충시설의 합리적 관리와 활용을 위해 현충시설본부 신설이 필요하다고 본다. 현충시설본부의 주요 업무 영역은 먼저 현충시설의 상시 관리와 보수이다. 현충시설에 대한 상시적인 모니터링을 통하여 관리 활동을 강화함으로써 시설 훼손을 미연에 방지하는 예방적 괸리활동을 수행하며, 모니터링을 통해 발견된 훼손을 즉각 보수하는 체제를 구축해야 할 것이다.

다음으로 현충시설 지정관리자에 대한 교육·훈련 기능이다. 현충시설 관리자들은 대부분 전문성이 부족한 비전문가들이며, 이로 인해 관리상의 문제가 발생할 가능성이 높으므로 그에 대한 교육 및 훈련이 필요하다고 본다. 세 번째로 국내외 현충시설에 대한 조사 및 발굴 기능이다. 사적에 대한 정확한 실태조사를 통해 현충시설의 역사적 의미를 조사·발굴하고, 효율적인 관리를 위해 전문적인 분석과 연구가 필요하다고 본다.

마지막으로 현충시설을 통한 교육·홍보 기능 강화이다. 현충시설 관련 콘텐츠를 개발하고, 이를 통해 국민 수요에 부응하는 현충시설 활용 정책을 개발하여 보훈문화를 효과적으로 계승·확산해 나가야 할 것이다. 이런 방향은 궁극적으로 희생과 헌신이 존경받고 예우 받는 보훈문화가 우리 사회의 자연스러운 상식으로 정착하게 하는 데 크게 기여할 것이다.

보훈문화 확산의
사회적 토양 조성

형 시 영 _ 보훈교육연구원 연구부장

희생과 공헌 위에 서 있는 우리나라

"Freedom is not free." 이 말의 의미는 자유는 거저 주어지는 것이 아니며, 대가가 없는 자유는 없다는 것이다. 우리가 너무 당연하게 사용하는 단어지만, 여기서 말하는 '자유'란 무엇일까? 그리고 현재 우리가 누리고 있는 자유는 어떠한 대가를 바탕으로 획득한 것인가?

자유는 한 인간이 독립적이고 자율적인 존재로서 외부의 간섭이나 구속을 당하지 않는 상태를 의미한다. 그러나 우리는 나라를 빼앗기고 목숨을 위협받으며 개인의 자유를 억압받았던 국가적 위기 상황을 여러 차례 겪었다. 그 과정에서 국가와 국민을 지키기 위한 수많은 이들이 희생하고 헌신했다. 일제로부터 빼앗긴 나라를 되찾기 위해 목숨과 재산을 바친 독립운동가들, 북한의 침략과 도발에 맞서 조국을 지키기 위해 희생하고 공헌한 호국용사들, 권위주의 독재 체제 아래에서 민주화를 위해 희생하고 헌신한 민주인사들, 우리는 이분들을 국가유공자라 부른다.

국가적 위기 상황에서 대가를 바라고 한 행위는 아니지만, 공동체의 존립, 유지, 발전을 위한 그분들의 희생과 헌신은 인정되어야 하고, 존중되어야 하며, 기억되어야 한다. 국가의 강제나 의무 부여를 통한 희생에 대해서는 국가 책임 차원에서 보상이 이루어져야 한다. 국가의 강제나 의무 부여는 없었지만, 공동체의 공익에 이바지했다면 높게 평가되어야 한다. 국가를 위한 희생과 헌신에 국가가 책임 차원에 상응한 보상과 예우를 시행하는 것은 모든 국가공동체의 보편적 가치관이다.

국가의 보훈은 조국독립, 국가수호, 민주발전 등의 역사적 발전 과정에서 국가와 국민을 위해 특별히 희생하거나 공헌하신 국가유공자와 그 유·가족들에게 보답하는 국가적 행위이다. 이러한 보답 행위는 국가유공자가 명예로운 생활을 유지할 수 있도록 물질적으로 보상하고, 그분들의 희생정신이 기억되고 계승될 수 있도록 정신적으로 예우를 다하는 것이 핵심이다. 이는 국가를 위한 희생과 헌신에 대해서는 국가가 끝까지 책임을 지겠다는 의지인 동시에 공동체 구성원들로서는 자신을 대신하여 희생한 데 대한 빚진 마음에 보답하는 것이다.

그러나 일제의 침략과 6·25 전쟁 등을 통해 겪었던 수많은 비극과 고통의 상처들은 오랜 시간이 지나면서 단지 지나간 역사적 과거로 여겨지고 있다. 또한 국가보훈의 근간인 상징적 실체로서의 국가유공자는 급속히 사라져 가고 있다. 보훈대상자는 1960년대 15만 명을 시작으로 다양한 계층이 보훈 영역에 편입되어 2019년 7월 84만5천 명으로 정점을 이루었으나 그 이후 감소 추세를 보이고 있다. 특히 일제로부터 조국의 자주독립을 위해 헌신하신 애국지사 분들은 이제 몇 분 남아 계시지 않는 상황이다. 6·25참전유공자들은 평균 연령이 89세의 고령으로 급속히 사라져 가고 있다. 이제 국가보훈의 상징적 실체는 사라지고 그 정신만이 남을 시점이 머지않았음을 알 수 있다.

보훈은 죽음 이후에도 계속되는 것

국가유공자를 위한 보훈제도의 마지막 단계는 사망 시 예우이다. 국가유공자가 돌아가시면 국가보훈처는 보훈처장 명의의 근조기와 태극기를 전달해 왔다. 그러나 2018년 6월부터는 대통령 명의의 근조기와 태극기로 격상하고, 보훈단체를 통해 관 위에 태극기를 덮어드리는 조문식을 거행하고 있다. 이는 국가가 마지막까지 최선의 예우를 다하는 모습으로, 유가족은 보훈가족으로서 자긍심을 느끼고 국가에 대한 고마움을 느끼게 한다. 또한, 국민들은 국가가 끝까지 책임을 다하는 모습에 감동함으로써 국가에 대한 무한한 신뢰를 가진다. 희생과 공헌에 대한 국가적 보답의 확고한 믿음은 국가에 대한 깊은 신뢰로 이어지고, 이는 국가공동체의 영속적 발전 원동력이 된다.

국가보훈은 국가유공자가 생애 마지막까지 명예롭게 생활을 할 수 있도록 보상과 예우에 최선을 다해야 한다. 또한, 그분들의 숭고한 희생정신은 사회적 가치로 공유되고, 죽은 이후까지 역사적 기억의 상징으로 널리 확산하여야 한다. 국가와 국민을 위한 희생과 헌신이 공동체 내에서 인정받고, 기억되며, 존중되는 사회적 환경을 만들어 가야 한다. 보훈문화는 독립정신, 국가수호, 민주의식의 정신적 가치를 바탕으로 희생과 헌신이 우리 사회에서 존경받고 예우 받는 자연스러운 정신문화로 정착할 수 있도록 사회적 분위기와 토양을 조성하는 것이다.

전 국민의 공감대 위에서 구축되는 보훈문화

선진국들의 보훈문화를 조성하기 위한 상징정책들의 사례를 살펴보자. 미국은 국립묘지가 엄숙하고 어두운 공간이 아니라 국민들이 학습하고 기억을 되새기며 공유하는 실질적인 체험의 장이 되는 방향으로 활용되고 있다. 호주는 전쟁기념관과 국회의사당이 마주 보고 있어 늘 참전용사의 희생을 기린다. 프랑스는 개선문 밑에 24시간 불이 꺼지지 않는 무명용사비를 설치하여 전몰용사를 추모하고 있다. 선진국들은 일상생활 속에서 국가를 위한 희생과 공헌의 가치를 보존하고 기억하며 학습하기 위해 보훈을 문화적 가치로 접근하고 있다.

「국가보훈기본법」을 비롯한 보훈 관련 법률에서는 보훈문화의 확산을 위해 국가와 지방자치단체의 책무를 규정하고 있다. 그러나 보훈문화는 일방적인 강요나 강제적 주입이 아니라 국민들의 합의와 동의에 의해 자발적으로 도출되어야 한다. 특히, 우리 주변에는 보훈 관련 인물·사건·장소 등, 그동안 우리가 무심히 지나쳤던, 그러나 기념하고 기억해야 할 다양한 대상들이 적지 않다. 지방화 시대에 각 지역의 특성을 반영한 보훈 관련 인물·사건·장소 등을 발굴·기념·기억하거나 재현함으로써 국민통합의 기제로서 독립·호국·민주의 정신적 가치가 작동하는 보훈문화 확산의 사회적 토양을 조성해 나가야 한다.

「프레시안」 (2020.5.22.)

죽은 자가
산 자를 움직인다

고대사회에서 거의 모든 민족이 그 민족의 생사가 달린 중대한 의사결정을 할 때는 집단 자체가 숭배하는 신(하느님)의 뜻을 구하고, 그것을 바탕으로 공동체 생활을 영위하였으며, 신에게 제사를 지내는 것이 일상생활에서 중요한 의식의 하나로 자리 잡아 왔다. 신에게 제사하는 일은 그 집단의 최고 우두머리가 주재하며 제사장은 정치적 수장까지 거의 겸직하였다고 볼 수 있다. 이것이 바로 제정일치(祭政一致) 사회이다. 역대 왕조가 행했던 제천은 당시로서는 국가의 중대한 행사의 하나이며 오늘날 우리가 생각하는 단순한 제사와는 다르다. 즉 국가의 정통성과 통치자의 합법성을 하늘로부터 부여받거나 이미 부여받은 권력을 백성들에게 확인시켜 주는 통치 차원의 의례이다.

　조선시대에는 종묘제례 때 임금, 왕세자, 여러 제관, 문무백관이 참석하여 역대의 왕과 왕비의 신위를 모시는 제례의식을 통해서 정통성을 인정받았다. 그리고 오늘날에 선거에 의해 선출 또는 임명된 공직자가 국립묘지를 참배하면서 정통성을 재확인 받고 있다. 현재의 국립묘지는 국가나 사회를 위해 희생·공헌하신 분들에 대한 마지막 예우의 장소로서 애국정신을 기리며 선양하는 공간이다. 세계 많은 국가에서는 국가와 공동체를 위해 자신을 희생한 인물들을 기억하고 추모하며 희생정신을 이어받고자 국민적 공간으로 국립묘지를 건립해서 운영하고 있다.

우리나라의 국립묘지는 1955년 '국군묘지'로 출발하여 이후 '국립묘지령'이 제정되면서 국립묘지로 승격되고 안장대상자를 군인에서 국가유공자 등 국가나 사회를 위해 희생·공헌한 자로 확대하였다. 우리나라의 국립묘지는 크게 현충원, 호국원, 민주묘지, 신암선열공원이 있으며, 여기에 안장된 기수는 약 28만여 기에 이른다. 그리고 이와는 별도로 부산의 UN 묘지가 있다.

다른 나라에서도 국립묘지를 운영하고 있는데, 미국은 알링턴 국립묘지를 비롯해 141개소를 운영하고 있다. 이 외에도 다른 나라의 대표적인 국립묘지로 프랑스의 빵테옹, 캐나다의 비치우드 국립묘지, 대만의 충렬사, 그리고 영연방묘지가 있다. 특히 영연방묘지는 1~2차 세계대전에서 사망한 군인들을 위한 묘지로 154개국 2,300개 지역에 흩어져 있으며 영국, 캐나다, 호주, 뉴질랜드, 남아프리카, 인도 등 6개 국가에서 170만 기를 공동으로 관리하고 있다.

이와 같이 국가 차원에서 운영하는 국립묘지는 오늘날 우리나라뿐만 아니라 세계 각 나라에서도 정치적으로 주는 메시지의 의미가 크게 작용하고 있다. 우리나라의 수도 서울 동작동에 있는 서울현충원은 4명의 역대 대통령이 안장되어 있다. 그래서 다른 국립묘지와 달리 정치적 측면에서 많은 상징적인 의미를 내포하고 있다. 특히 국가지도자나 장관, 정치인들이나 저명도가 있는 인물들은 우선적으로 선열들에게 고하고 또 한편 국민적 지지를 받기 위해 상징성이 있는 현충원을 방문하여 참배한다. 주로 방문하는 시기는 새로운 직위에 취임했을 때, 중요한 의사결정을 할 때, 새해첫날 등이다. 그리고 중요한 선거를 앞두고도 방문을 하는데, 국가를 위해 희생과 공헌한 분들에 대한 존경과 예우를 표시하고 국가의 안녕을 빌면서 정통성을 이어받아 국가를 위해 큰일을 할 수 있도록 기원한다. 이 외에도 권력자에게서 죽음은 자신이 보유한 권력의 정통성과 정당성을 굳건히 하기 위한 매우 중요한 상징적 동원의 기제로서 국립묘지가 그 역할을 한다.

이와 같은 이유 때문에 외국의 국가 원수나 주요 외교 사절이 방문할 때도 상징성이 있는 동작동 서울현충원의 국립묘지를 우선적으로 참배한다. 그리고 우리나라의 대통령이나 외교사절이 상대국을 방문할 때도 마찬가지로 그 나라의 존립을 위해서 희생과 헌신한 분들을 위해 국립묘지를 방문해 참배를 한다.

미국이나 프랑스 등 외국의 국립묘지가 이제는 이데올로기적 당파성에서 벗어나 통합의 기능을 수행하는 공간으로 확실하게 자리매김되었지만, 우리나라의 국립묘지는 한때 민주화와 정권교체의 국면 속에서 때로는 이념 대립과 갈등이 지금까지도 있어 왔다. 왜냐하면 앞서 이야기한 바와 같이 국립묘지가 통치수단으로서 활용되다 보니 자연스럽게 정치적 이념의 공방장이 되기도 하였으며, 때로는 죽은 자를 놓고 정치적 갈등을 적나라하게 보여주기도 한다. 현충원 안장 대상자의 자격조건을 살펴보면 무척 까다롭지만 단순하게 정리하면 국립묘지의 영예성을 훼손한 사람은 안장될 수가 없다. 그래서 안장대상자 중 갈등의 한 중심에 있는 인물이 죽으면 안장 여부를 놓고 정치 주체 간 한바탕 소동이 벌어지는 것이다. 따라서 안장된 사람의 거의 대부분은 안장 조건을 충족하고 있지만, 일부가 사후에 친일 행적이 쟁점이 되거나 또는 생전의 공적이 허위로 밝혀져 안장 조건이 안 되는 대상자가 있는데, 국가적 차원에서 교통정리를 확실히 하여 국립묘지가 갈등과 분열의 공간이 아니라 국민을 하나로 묶는 국민 통합 기제로 역할을 충실하게 할 날을 기대해 본다.

「프레시안」 (2020.3.30.)

붉은 양귀비와
푸른 수레국화

이 영 자_ 전 보훈교육연구원 연구원

보훈에 있어서 상징물의 의의

　인간은 상징을 통해 타인을 이해하고 타인의 인식과 감성을 공유할 수 있다고 한다. 정치학자인 베네딕트 앤더슨은 근대국가는 상상 속의 공동체를 만드는 것이 중요하다고 주장하며 다음과 같이 말했다. "아무리 작은 국가라도 구성원은 자신이 속한 국가의 국민 대부분을 알 수 없거나 만나지 않을 것이며 심지어 그들이 누구인지조차 듣지 못할 것이다. 그렇지만 각자의 마음속에서 서로 교감할 것이다." 이는 개인이 다른 모든 구성원과 밀접한 관계를 맺지 않더라도 우리는 하나라고 느낄 수 있는 공동의 정체성이 우리 정신의 근저에 강하게 자리 잡고 있음을 의미하는 말이다. 그렇다면 과연 개개인은 상상 속에서 어떤 이미지를 만들어 교감하고, 또 그것이 어떻게 하나의 공동체로 이어주는 것일까.

예를 들어보자. 우리가 '나는 대한민국 국민이다'라고 교감할 수 있는 상상 속의 이미지는 무엇일까. 태극기, 무궁화, 애국가, 독립, 전쟁, 민주화운동…. 우리는 이런 단어들을 접할 때마다 대한민국 국민임을 인식한다. 대한민국 국민이라면 누구라도 공감하는 대표적인 상징들과 격변의 근현대사 속에서 선인들이 겪어온 고통과 아픔을 우리는 지금도 똑같이 느낀다. 무의식 속에 자리한 이러한 상징적 이미지는 결국 애국심으로도 이어진다.

애국심 연구자인 빌링은 "애국심은 전쟁과 같은 특수한 사건에서 극적인 방식으로 형성되기도 하지만, 현대 시대에는 그러한 폭력적 상황보다 눈에 띄지 않는 방식으로 일상의 아주 사소한 상황에서 형성된다"라고 주장했다. 다시 말해 열렬히 국기를 흔들 때만 생기는 것이 아니라, 우리가 알아채지 못하고 있더라도 공공건물에 항상 휘날리는 국기를 보기만 해도 형성되는 것이라고 설명했다. 이처럼 사람들의 일상 속에 깊숙이 파고들어 구성원을 통합하고 하나의 공동체로 이어주는 대표적인 상징물의 사례로 붉은 양귀비와 푸른 수레국화를 들 수 있다.

영연방 국가 보훈의 상징 - 붉은 양귀비

붉은 양귀비는 영국을 비롯해 호주, 뉴질랜드, 캐나다와 같은 영연방 국가에서 폭넓게 활용되는 상징물이다. 이것은 제1차 세계대전 중에 캐나다 원정군으로 종군 중이던 한 군인이 부상을 입고 야전 병원에서 치료 중일 때, 벨기에의 플랑드르 지역에 만개한 붉은 양귀비꽃을 보고 쓴 시 구절에 기원을 두고 있다. 어느 미국인 교수가 이 시를 읽고 감명을 받아 전쟁 사망자 추모의 상징으로 사용하자는 캠페인을 벌였고, 1921년 영국에서 처음으로 붉은 양귀비 상징물을 제작·판매하여 그 수익금을 제대군인과 전쟁 중에 사망한 전사자의 유가족을 지원하기 위한 기금으로 활용하였다. 현재 영연방 국가에서는 모든 국민이 현충일과 앤잭(Australian and New Zealand Army Corps) 데이에 붉은 양귀비 배지를 왼쪽 옷깃 또는 심장에 가까운 곳에 착용하는 것이 관례화되어 있다. 영연방 국가에서는 세계 제1차 대전 종전일인 11월 11일을 '현충일'로 지정하고, 호주와 뉴질랜드 연합군이 1915년 4월 25일 제1차 세계대전에 참전한 것을 기린 앤잭데이에 성대한 기념행사를 치른다. 이때 붉은 양귀비꽃을 활용한 다양한 상품이 판매되는데, 행사나 묘지에 쓸 조화, 체험학습에 사용할 다양한 교육용 상품은 물론 수저와 나이프 등의 식기류, 게임용품, 커피나 맥주 등을 포함한 음료에 이르기까지 매우 광범위하게 사용되어 기념주간에는 온 거리가 붉은 양귀비꽃으로 물든다고 해도 과언이 아니다.

프랑스 보훈의 상징 - 수레국화

프랑스의 수레국화(Bleuet de France) 역시 붉은 양귀비꽃과 비슷한 역할을 하는데 제대군인, 전쟁 피해자와 유가족 등을 기리기 위해 사용하고 있다. 이 꽃 역시 제1차 세계대전 중에 척박한 환경 속에서도 유일하게 볼 수 있었던 화사한 꽃으로 많은 사람에게 희망의 메시지를 전해주었다고 한다. 당시 프랑스군의 푸른색 군복과 유사하여 참전 군인의 상징이 되었다는 설도 있는데, 병원에서 일하던 어느 수간호사가 전쟁 부상병을 돕기 위해 화장지로 이 꽃을 만들기 시작하며 큰 인기를 얻었다고 한다. 이후 1935년 프랑스는 현충일인 11월 11일에 수레국화의 공식 판매를 인증하였고 매년 새로운 디자인의 다양한 상품들을 소개하고 있다.

상징물을 통한 보훈문화의 활성화

　유럽과 우리나라는 물론 역사적 배경이 다르고 그로 인해 파생한 보훈 문화 역시 다르다. 다만 나라를 지키기 위해 희생한 분들과 그 유가족에게 존경을 표하고 감사하는 마음을 갖는 것은 공통분모가 아닐까. 이 글을 마무리하며 붉은 양귀비꽃과 푸른 수레국화라는 상징이 우리에게 주는 시사점을 정리해 보고자 한다.

　첫째, 커다란 의미를 담은 상징물이지만 기념행사에만 국한하여 사용하는 것이 아니라 일상에서 자주 접할 수 있도록 다양한 방식으로 활용하여, 국민들이 거부감은커녕 자긍심과 감사의 마음을 가지고 사용한다는 점이다.

　둘째, 각 국가를 상징하는 국화는 아니지만 100년이 넘는 오랜 역사 속에서 기본적인 형태를 유지하면서도 현대적인 세련된 이미지로 재해석하려는 시도가 이어지고 있다는 점이다. 국화가 엄중함이나 무거운 이미지를 갖는다면 붉은 양귀비꽃과 푸른 수레국화는 조금 더 활용의 유연성을 갖는다고 볼 수 있다.

　셋째, 우리가 선혈들을 추모하는 마음을 담아 떠올리는 보훈 상징물은 대개 너무 어둡거나 무거운 이미지다. 우리도 붉은 양귀비나 푸른 수레국화처럼 역사를 기억하고 상기할 수 있는 그리고 세련된 디자인으로 자연스럽게 우리 일상에 녹아들 수 있는 상징물을 개발하여, 우리가 그리는 상상 속의 공동체가 조금 더 화사해지기를 기대해 본다.

「프레시안」 (2020.3.14.)

제3부

보훈복지와 의료

보훈은 복지다

이 찬 수_보훈교육연구원 원장

복지로서의 보훈

제1편 '보훈은 평화다'에서 정리했듯이, '평화는 폭력을 줄이는 과정'이다. 큰 힘이 작은 힘에게 원치 않는 피해를 주는 현상이 폭력이라면, 이것은 불공평과 부조화의 증거이다. 불공평과 부조화를 줄이거나 없애는 만큼 평화가 구체화된다는 뜻이다.

이때 불공평과 부조화를 경제적이고 제도적으로 줄여가는 행위는 복지의 실천이기도 하다. 복지는 경제적 공평의 구현이자, 넓게는 공평을 위한 제도까지 조화롭게 적용되는 과정이다. 경제적 불평등의 극복이 일차적 과제이지만, 복지는 물질적 지원의 영역에만 머물지 않는다. 정신적 차별을 극복하고 상처를 치유하며, 사회적 공평을 이루는 과정까지 포함한다.

이 지점에서 복지는 보훈의 영역과 겹친다. 그저 겹치는 정도가 아니라, 보훈은 복지의 구체적인 사례이다. 정부에서 '한국보훈복지의료공단'을 설립해 보훈대상자를 위한 복지 지원을 하고 있는 데서도 보이듯이, 국가를 위해 애쓰다 희생당한 유공자에게 물질적으로 보답하고 그 정신까지 선양하는 보훈 행위는 사회적 공평의 실현 과정이며, 대표적인 복지의 구현인 것이다.

거버넌스로서의 보훈

복지의 실천은 사회적 거버넌스의 주 내용이기도 하다. 한 사회 전반의 과제를 이루는 데 관련된 이해 당사자들이 책임감을 가지고 투명하게 의사결정을 수행하는 제반 장치가 거버넌스이다. 복지는 개인 대 개인 간에 이루어지는 단순한 물질 증여가 아니다. 사회가 개인에게 베푸는 물질적 시혜에 그치는 것도 아니다. 복지는 거버넌스를 통해 이루어져야 하는 공적 과제이고, 사회적 공평을 구조화시키는 과정이다.

물론 그 과정에 물질이 베풀어지거나 배분되기도 한다. 국가가 의료적 치유로 뒷받침하기도 하고 거주지를 제공하기도 한다. 국가보훈처나 한국보훈복지의료공단에서 이러한 과제를 진지하게 수행 중이기도 하다. 이런 실천과 함께 가야 하는 것이 불공평으로 인한 상처에 사회가 두루 공감하고, 공평한 삶의 구조를 만들기 위한 구성원들 간의 다양한 협력과 실천이다. 다양한 행위 주체들의 의사소통을 기반으로 거버넌스가 이루어져야 하는 것이다. 정부의 수직적 정책만이 아니라, 횡적이면서 입체적인 관계망을 건강하게 구조화시켜 가는 과정이 필요하다.

선제적 보훈

보훈이 이러한 과정을 잘 보여준다. 보훈에는 '사후적 보상'도 필요하지만, '선제적 보훈'의 과제도 있다. 선제적 보훈은 보훈대상자들에게 보상을 미리 해주는 정도를 의미하지 않는다. 선제적 보훈은 순국이든 순직이든 희생이 전혀 발생하지 않아도 되는 사회를 구축하기 위한 복합적이고 심층적인 실천이다. 이러한 선제적 보훈은 특정 국가만을 위한 실천에 머물지 않고, 인류 전체를 염두에 둘 때 이루어진다. 다른 국가에 적대적인 보훈은 다시 그 적대국의 도전으로 이어지는 까닭에 늘 불안정하다. 보훈정책은 일단 국내적 상황에 어울려야 하지만, 주변국과 세계의 평화까지 염두에 두고 시행될수록 좋다.

가령 베트남에게 한국은 최대 투자국이자 2대 교역국이다. 2020년 들어 코비드-19 팬데믹으로 주춤하고 있지만, 베트남을

오가는 한국인 여행객도 엄청나다. 이 마당에 베트남전 참전 용사에 대한 보훈정책이 만일 베트남을 여전한 적대국으로 간주하고서 이루어진다면 그야말로 모순 아니겠는가. 보훈이 전쟁 희생자에 대한 물질적 지원만이 아니라, 전쟁 자체가 사라진 세계, 서로에게 상생적인 문화의 건설까지 의식한 인류애 차원까지 선제적으로 염두에 두어야 하는 이유라고 할 수 있다.

국가유공자의 표상이라 할 백범 김구 선생은 이렇게 희망한 바 있다; "오직 한없이 가지고 싶은 것은 높은 문화의 힘이다. 문화의 힘은 우리 자신을 행복하게 하고 나아가서 남에게 행복을 주겠기 때문이다." 독재를 거부하고 진정한 민주와 통일을 원했던 백범이 추구한 진리도 이런 것이었다; "현실의 진리는 민족마다 최선의 국가를 이루고 최선의 문화를 낳아 길러서, 다른 민족과 서로 바꾸고 서로 돕는 일이다." 이것이 백범이 '믿고 있는 민주주의'요, '인류의 현 단계에서 가장 확실한 진리다.'(백범 김구, '나의 소원' 중)

서로 돕고 끌어안는 보훈

사람 사는 모든 세상은 서로 연결되어 있다. 보훈은 국가의 독립(獨立)과 보호(護國)와 성숙(民主)에 희생적으로 기여한 이들에 대한 보답과 기억이라는 점에서 인간적 정치의 일환이다. 공평한 사회의 건설이고 호혜적 문화, 백범의 표현대로 하면 서로 바꾸고 서로 돕는 사회의 구축이다. 타자에 대립적이지 않은, 서로 돕고 끌어안는 보훈이어야 한다. 평화와 순환하고 복지로 이어지는 보훈이어야 하는 것이다.

우리가 보훈, 복지, 평화에 대해 이야기하고 있다는 사실은 사람이 사람답게 살아갈 수 있는 세상에 대한 희망을 놓치지 않고 있다는 뜻이다. 뿐만 아니라 많은 이들이 그런 세상에 대한 암묵적 합의를 하고 있다는 뜻이다. 희생을 기억하고 그에 보답하는 행위로 사회적 공평을 이루며 복지를 구현해야 한다. 인류의 공통적 희망과 암묵적 기대를 구체화시켜가야 할 과제가 보훈인 모두에게 부여되어 있는 것이다.

「나라사랑신문」(2020.4.28.)

질병은 조상탓이 아니다

: 보훈의료와 사회적 치유

이 찬 수_보훈교육연구원 원장

질병과 치유의 사회성과 정치성

예전에는 질병에 걸리거나 상처를 입으면 우선 본인이 챙기거나 가족이 돌보았다. 환자나 가족이 무당이나 사제를 찾기도 했고, 교회나 사찰이 치료의 공간이기도 했다. 근대 이전까지 개인의 질병은 개인 탓이었고, 치료의 책임도 개인에게 있었다. 조상탓, 악령탓을 하기도 했지만, 누군가의 상처와 아픔은 기본적으로 개인, 집안의 문제였다.

근대에 들어서면서 가난한 이들이 질병에 걸릴 확률이 더 높다는 사실이 알려지고, 질병의 사회 구조적 측면을 의식하게 되었다. 실제로 경제적 격차가 질병을 심화시키기도 하고, 국가가 벌인 전쟁이 수많은 환자와 망자를 양산했다. 이런 현실을 의식하면서 국가나 단체가 병원을 본격 설립하기 시작했다. 의료보험과 복지제도가 생기고, 국립의료원과 같은 공공의료기관이 설립되었다. 여기에는 질병과 치료의 사회성과 정치성에 대한 인식이 들어 있다.

이 분야 권위자 김승섭도 사회적 약자가 더 질병에 노출되어 있고, 몸의 건강도 사회구조의 문제와 연계해 보아야 한다고 진정성 있게 논증한 바 있다.(『아픔이 길이 되려면』) 어디 몸의 질병이나 건강만의 문제겠는가. 수명도 경제적 차원과 관계가 있고, 죽음도 순수하게 개인이 결정하지 않는다. 자살에도 사회성이 있다. 사실상 '사회적 타살'일 때가 많다. 인간의 온갖 아픔마다 정치, 사회, 국가의 차원이 들어 있는 것이다. 실제로 개인의 의사와 무관하게 전쟁이 벌어지고, 일제 식민지시기를 겪었듯이, 나라가 없어지기도 하지 않던가. 그 과정에 국민이 당하는 상처, 고통, 무수한 죽임은 더 말해 무엇하겠는가.

이러한 구조적 상황, 사회와 국가적 차원을 내 실존의 문제로 의식하고 직접 독립운동에 나서거나, 불의한 전쟁을 몸으로 막아선 이들을 국가에서는 국가유공자로 규정하고 대우한다. 이들은 상처와 죽음의 사회성과 정치성의 증언자들이다. 이들 및 유가족의 치유와 재활, 경제적 지원을 국가가 담당해야 하는 것이다.

보훈 없는 세상을 지향하는 선제적 보훈

이러한 몫을 책임지는 행정부서가 국가보훈처이다. 보훈처에서는 국가유공자를 발굴하고 물심양면으로 지원한다. 그 산하에 있는 한국보훈복지의료공단에서는 유공자들에게 의료 및 복지 중심의 물적 서비스를 제공한다. 종합병원, 요양원, 재활체육센터, 양로원 같은 의료 및 복지시설을 곳곳에 두고 있으며, 임직원만도 7천여 명이나 되는 거대 공적 기구이다. 국가로 인한 상처, 질병, 죽음의 책임이 국가에 있다는 사실을 증언하는 주요 조직이다.

유공자가 당한 상처와 죽음, 후손이나 집안이 겪는 어려움은 이들이 국가와 사회의 유지를 위해 투신한 결과라는 점에서, 개인적 행위이자 동시에 국가와 사회의 산물이다. 그래서 국가에서는 그 정신을 선양하고 물적으로도 지원한다.

이때 더 근본적인 것은 희생자가 발생할 수밖에 없었던 구조적 상황을 계속 개선해 나가야 한다는 것이다. 국가 및 사회의 폭력적 구조가 해소되지 않으면 희생은 언제든 발생할 수 있기 때문이다. 유공자 개인과 유가족을 국가가 돌보는 것은 당연하되, 더 이상 희생자가 생기지 않아도 되는 공정하고 평화적 구조를 만들어가는 일이 두고두고 요청된다는 뜻이다. 이 책의 제1편 "보훈은 평화다"에서도 말했던, 넓은 의미의 '선제적 보훈'의 영역이라고 할 수 있다.

성경에 예수가 병자를 치유했다는 기록이 많이 나온다. 교회에서는 이것을 예수가 환자 개인의 몸을 치유한 초자연적 기적 사건으로 보려는 경향이 크지만, 거기에는 더 심층적인 의미가 있다. 고대 사회에서 병자는 죄인으로 여겨졌고, 죄인은 혐오와 분리의 대상으로서 사회로부터 소외되었다. 사회에서 버려지면 인간답게 살 수 없었다. 이러한 상황에서 예수의 치유는 사회에서 버림받은 이들을 사회로 복귀시키는 일종의 '사회적 치유'였다. 그는 세균이나 바이러스로 인한 육체적 고통보다는 사람들의 소외와 냉대로 인한 사회적 고통에 더 민감했다. 의학적 질병보다는 사회적 질병에 관심을 기울이고서, 인간의 본래적 관계성을 회복시키는 데 진력했다. 개인적 질병을 사회적 관계의 단절로 몰아가던 시절에 인간 전체의 근원적 관계성을 회복시키는 방식으로 인간을 살리고, 더 큰 생명을 구체화시키려 했던 것이다.

육체의 치유에서 사회적 치유로

불교 경전 「유마경」에는 이런 이야기가 나온다. 깨달음의 덕이 높았던 유마거사가 아프다는 소문이 퍼지자 곳곳에서 많은 불보살들이 문안차 몰려와 여러 이야기를 나눴다. 급기야 문수보살이 유마거사에게 왜 병이 들었는지 물었다. 그러자 이렇게 답했다: "중생이 병이 들어 나도 병이 들었습니다." 중생이 아프니 나도 아프다는 것이다. 어딘가 누군가의 아픔의 원인에서 나도 자유로울 수 없다는 것이다. 개인의 질병이 개인에게만 머물지 않고, 나와 이웃, 사회 전체의 문제라는 뜻이다.

이것은 그저 특정 종교만의 언어가 아니다. 국가유공자가 겪은 육체적 부상, 심신의 트라우마는 국가 전체의 문제라는 사실을 종교적 천재의 시각에서 잘 보여준다. 원치 않는 부상으로 경제적 활동이 제약된다면 그 책임은 사회에 있고, 국가를 위한 희생을 치유하고 해소해야 할 의무는 국가에 있다. 일차적으로는 국가보훈처와 한국보훈복지의료공단 등이 협업을 통해 해결해야 하는 공적 과제이지만, 결국은 사회 구성원 모두의 몫이다. 그리고 그 최종 목표는 더 이상 폭력이 없는 공정한 사회의 구축이다. 보훈대상자에 대한 의료 행위가 육체적 치유에서 사회적 치유로까지 나아가야 하는 근본적인 이유이다. '사후적 보상'으로서의 보훈과 함께 일종의 '선제적 보훈'이 병행되어야 하는 것이다.

개인의 유전적 질병조차 인류의 지속적 생존과 적응을 위한 유전자의 자기 실험이고 전체 생명 진화의 과정이라고 한다. 순수한 개인만의 상처는 없으며, 개인의 문제도 궁극적으로는 인류의 문제라는 뜻이다. 국가유공자의 상처를 국가가 지는 것은 당연하며, 궁극적으로는 더 이상 희생하지 않아도 되는 사회를 모두가 구축해 가야 하는 것이다.

「프레시안」 (2020.5.2.)

스마트기술과
보훈복지

이 영 자_ 전 보훈교육연구원 연구원

일상생활에서의 보훈과 복지

정부의 정책은 내·외부 환경에 맞춰 끊임없이 변화해야 하며, 정책에 요구되는 수요를 정확히 반영한 것이어야 한다. 이것을 보훈복지에 한정해 보면, 우선 내부 환경 요인으로 '지속되는 고령화'를 들 수 있다. 현재 보훈대상자 중 70대 이상의 비율은 전체 대상자 대비 70%에 육박한다. 또한 보훈대상자를 추계한 선행연구에 의하면 향후에도 당분간 고령화는 지속될 전망이다.

한편 외부 환경 변화로는 '지역사회 통합 돌봄으로의 패러다임 전환'이 이루어지고 있다. 이는 요양이 필요해져도 내가 살던 집과 마을에서 죽을 때까지 안심하고 생활할 수 있는 환경의 정비를 의미한다. 다시 말해 최근의 사회복지정책은 지역 내에서 1차로 건강과 복지를 통합하여 조사하고 지원하는 통합 돌봄 체계로 옮겨 가고 있으며, 다양한 리빙랩(Living Lab)을 통해 지역 내 고령층의 돌봄과 건강지원 사업을 지원하는 체계를 구축하고 있다.

리빙랩이란 사전적인 의미로는 '일상생활의 실험실'을 뜻하는데, 정보기술(IT)의 발달로 과학과 사회 현장을 통합해 수요자 중심의 정책 실현을 시도하는 것을 말한다. 인공지능(AI), 사물인터넷(IoT)과 같은 4차 산업혁명의 현실화를 조금 더 실천적으로 정의한 용어라고 할 수 있다. 사회복지 분야에서 말하는 리빙랩은 '에이징 인 플레이스(Aging in Place, 살아온 지역사회에서 여생 보내기)'의 적극적인 현장 도입을 지향하는 실천적 개념으로 이해할 수 있다.

리빙랩의 사회적 적용

우리나라에서 리빙랩은 에너지, 도시 재생 등의 분야에 먼저 도입됐지만, 해외에서는 주로 헬스 케어, 웰빙 등의 분야에서 활발하게 진행되고 있다. 헬스와 웰빙 분야의 대표적 사례로 미국 미네소타 주의 '웰리빙랩(Well Living Lab)'을 들 수 있는데, 실내 환경 변화에 따른 신체 반응 등의 체계적 연구를 수행하며 주거복지의 새로운 지향점을 제시하고 있다. 또한 벨기에의 '리카랩(Licalab)'은 암, 재활 치료 보조기기, 자세교정 보조기기 등 질병 예방 및 안전을 위해 의료진과 기술자의 협업을 통한 솔루션을 개발하고 있다. 네덜란드에서도 오랜 기간 스마트 에이징(Smart aging)을 목표로 고령 친화적인 마을 만들기 리빙랩을 실천해 왔다.

이처럼 리빙랩은 복지나 의료에 적용할 수 있는 가능성이 무한하다. 문제는 어떻게 적용할 것인지가 핵심으로, 누구를 대상으로 어떤 기술을 접목시킬지에 대한 관심과 고민이 필요하다.

특히 보훈 관련자라면 이미 복지와 의료의 협업이 매우 중요하다는 사실을 공감하고 있으며, 보훈복지 현장에 정보기술의 도입도 더 이상 선택이 아닌 필수라는 사실도 잘 알고 있다. 복지는 복지내로, 의료는 의료대로 제자리에 머물러 있으면 발전할 수 없다. 유기적으로 협업을 강화할 수 있는 방안을 모색하고 공유하여 새로운 영역을 발굴해 나가야 할 시점이다.

보훈정책의 리빙랩 도입 과제

이러한 리빙랩을 보훈정책에 도입하기 위해서는 선행과제들이 있다. 우선 리빙랩은 수요자 중심의 정책으로 수요자들이 어떤 욕구(수요)를 갖고 있는지에 대한 정확한 파악이 이뤄져야 한다. 기존의 중앙정부 중심의 정책과 달리 현장 위주의 수요 발굴과 문제 해결로 이어지는 상향식 방식의 정책 구현을 위한 유연한 행정 체계도 필요하다. 이를 위한 연구개발 지원, 보훈처와 공단의 임시 조직(TF) 구성 및 정보 공유 체계 마련 등이 연속성 있게 이루어져야 할 것이다.

다음으로 과학 기술의 적극적인 도입이다. 스마트한 삶의 제공은 보훈대상자가 거주하는 자택일 수도 있고, 요양원이 될 수도 있으며, 병원이 될 수도 있다. 각각의 환경에 맞는 그리고 개개인의 특성을 반영한 기술 도입이 필요하다.

국내에서도 많은 기업이 고령화를 대비한 기술을 개발하고 있다. 자택에 거주하는 독거 고령자들에게는 기억력 강화 활동과 낙상 예방 운동 결과를 가족들이 스마트폰으로 공유할 수 있는 기술이 개발되어 있고, 요양원의 낙상 사고와 관련해서도 낙상을 방지하거나 낙상 시 충격을 흡수하는 다양한 기술을 개발하고 있다.

예를 들면, 낙상 시 충격을 예방해 주는 '힙 세이프(Hip Safe)', 몸에 착용하는 로봇도 있다. 이처럼 과학 기술의 적극적인 도입은 고령화로 혼자 사는 사람이나, 복지나 의료 접근성이 떨어지는 지역에서 생활하는 사람들에게 큰 힘이 될 수 있다.

사물인터넷 기술은 우리 생각보다 훨씬 가까이에 다가와 있다. 어떤 기술이 개발되고 있고 현장에 어떻게 적용할 수 있는지, 보훈 관련자라면 항상 관심과 주의를 기울여야 한다. 보훈 고령자층 역시 독립에서 참전, 그리고 이후 세대로 교체되고 있어 이전과 동일한 정책 시행만으로 그들의 욕구를 충족시키기에는 한계가 있다는 점도 고려해야 한다. 앞으로 보훈대상자들의 수요에 맞추어 사람과 기술이 적절히 융합된 보훈만의 리빙랩이 실현되기를 기대해 본다.

「나라사랑신문」 (2020.5.11.)

코로나-19와
마음방역

정 태 영 _ 보훈교육연구원 연구원

감염병의 일상화와 코로나19

질병에는 국경이 없다는 말은 코로나바이러스감염증-19(이하 코로나19)의 전 세계적인 대유행(Pandemic)으로 또 다시 입증되었다. 신종감염병의 주기적인 출현은 인류가 완전히 자유로울 수 없는 문제이다. 감염병을 일으키는 다양한 요인들이 서로 복합적으로 상호작용하며, 기후변화 등 인간의 힘으로 극복하기 어려운 자연적인 현상도 얽혀 있기 때문이다.

2015년 5월 21일 우리나라에서 메르스(MERS 중동호흡기증후군) 확진자가 처음 발생한 것도 불과 5년 전의 일이다. 같은 해 12월에 종식을 선언하기까지 총 186명의 사람들이 메르스에 확진되었으며, 이 중 38명이 목숨을 잃었다. 이후 2018년 9월 8일 메르스 확진 환자가 국내에 또 다시 유입되었으며, 그 해 10월 16일 종식되었으나, 메르스의 해외 유입 가능성은 여전히 우리를 위협하고 있다. 그렇게 메르스의 공포가 서서히 잊혀져가던 올해 1월 20일 우리나라에 코로나19 첫 확진자가 발생한 이후 8월 12일 0시 기준, 누적확진자는 1만4,714명이며, 사망자는 305명에 달한다(11월 28일 33,375명/522명).

감염병은 일차적으로 의학적인 관심 대상이다. 하지만 지금까지 겪어 보지 못한 신종감염병이 지역사회에서 집단발생하기 시작할 경우 감염병은 더 이상 의학의 영역에 국한되지 않고, 이내 사회현상이 된다. 이러한 현상은 코로나19 관련 신조어에서도 뚜렷하게 관찰된다. 코로나로 인한 경기침체를 의미하는 코로노미(Corona+Economy), 코로나와 이혼의 합성어인 코비디보스(COVID+Divorce), 심지어 코로나와 종말이 덧붙은 코로나포칼립스(Corona+Apocalypse) 등이 있다. 이 중에서도 코로나와 우울감의 합성어인 코로나블루(Corona+Blue)를 주목할 필요가 있다.

코로나 블루와 보훈대상자의 상황

성인남녀 절반 이상이 코로나로 인해 우울하다고 응답한 통계와, 심지어 완치가 된 사람들 또한 후유증으로 우울증과 불면증에 시달리고 있다는 연구를 보면, 코로나19가 경제와 사회 전반적인 영역뿐만 아니라 사람들의 마음에 상당한 영향을 미치고 있다는 것을 알 수 있다. '2018년 국가보훈대상자 생활실태조사'에 따르면, 보훈대상자 중 일상생활에서 스트레스를 느낀다는 응답이 전체 응답자의 82.3%로, 일반인의 54.4%에 비하여 상당히 높았으며, 우울 척도(CES-D)의 경우에도, 보훈대상자의 우울 지수 평균값이 18.2점으로 우울 위험군으로 분류되는 기준인 16점 보다 높고, 조사 응답자의 절반 이상인 51.6%가 우울 위험군 또는 고위험군에 속하는 것으로 나타났다.

위 통계처럼 국가와 사회를 위해 희생하신 이분들은 이미 몸과 마음에 상처를 받은 상태이며, 그 상처가 치유되지 않은 채 또 다시 코로나19라는 위기 상황이 놓이게 된 것이다.

감염병이 유행하기 시작하면, 대중의 심리적인 반응은 크게 확산기, 유행기, 소강기에 따라 달리 나타난다. 코로나19는 현재 진행형이므로 메르스 유행 시기로 보면, 메르스 확산기에는 처음 발생한 신종감염병이라는 불확실성 때문에 소위 메르스테리 (MERS+Mystery)라고 불리는 수많은 루머와 유언비어가 난무했었다. 또한 확진자와 그 접촉자에 대한 지나친 관심과 사생활 침해 등의 문제도 있었다. 유행기에 접어들면서, 점차 신종감염병에 대한 불확실성은 감소하지만, 자기가 감염될지 모른다는 불안감은 커진다. 마지막으로 소강기에는 확진자 및 자가격리자들의 심리적 안정이나 사회적 후유증에 대한 관심도가 증가하게 된다.

코로나19 상황은 어떤가, 특정 장소에서 특정 원인으로 인해 코로나19가 집단발병하기 시작되자 확진자와 그 접촉자들은 개인으로서 감당하기 어려운 엄청난 비난을 받았다. 이로 인해 일부 사람들이 직장을 그만두기도 하고 등교를 거부하는 사례도 속출한다. 확진자나 접촉자에 대한 지나친 사회적 낙인과 배척은 이들을 더욱 불안하게 하고 스스로 은폐하도록 하여 방역을 더욱 어렵게 만들고 오히려 감염병을 더욱 확산시킬 수 있다. 누군가를 향해 던진 돌이 부메랑이 되어 돌아올 수 있다는 것이다.

보훈대상자에 대한 적극적인 대응

코로나19라는 전례 없는 신종 감염병으로 인해 많은 사람들의 삶이 위축되고 있다. 특히 노인 등 취약계층들의 경우 코로나19로 인해 받는 피해가 일반 사람보다 더욱 심각하다. 이럴 때일수록 낙인과 배제가 아닌 포용과 배려가 필요하다. 다행히 보훈처에서는 심리지원집중센터 및 각 지방 보훈지청을 통하여 전화상담 등 심리지원 프로그램을 운영하고 있다. 보훈공단 남양주보훈요양원에서도 전자책(E-book) 자동 낭독 서비스와 태블릿PC를 활용한 영상 면회 등을 도입함으로써, 어르신들의 코로나 블루에 대응하고 있다.

하지만 '2018년 국가보훈대상자 생활실태조사' 결과를 보면 보훈대상자들의 '심리상담지원 프로그램' 이용 의향은 22% 수준에 그쳤다. 이는 심리검사에 대한 거부감과 고령과 장애 등으로 인한 낮은 접근성이 주요 원인이다. 따라서 찾아가는 심리상담 서비스 등 좀 더 적극적인 심리지원 방안을 마련할 필요가 있다.

이를 위해 보훈대상자를 위한 심리지원집중센터와 지역사회 자원의 협력체계를 구축해야 한다. 보훈공단에서도 전국 각지의 보훈병원, 요양원 이용자의 심리상태를 먼저 파악하여 맞춤형 지원을 강화할 필요가 있다. 각 지역의 의료기관, 복지시설, 해당 관공서 및 보훈대상자 협회 등 유관기관과의 유기적인 연계를 통해 심리지원 대상자의 발굴에서부터 검사, 치료 등을 순차적으로 하나의 서비스로 묶어 제공한다면 보훈대상자의 마음을 더욱 효과적으로 치유할 수 있을 것이다.

현재 부처를 막론하고 다각도의 코로나 대응방안이 마련되고 있다. 특히, 지금 이순간도 코로나19 확진자의 치료와 접촉자들에 대한 역학조사로 보건의료 관계자들은 한여름에 보호복과 마스크를 착용한 채 구슬땀을 흘리고 있다. 백신과 치료제를 개발하기 움직임도 활발하다. 이때 코로나블루가 야기한 사람들의 지치고 텅 빈 마음을 채워줄 수 있는 마음방역도 절실하다. 우울은 개인적이면서 동시에 사회적인 아픔이기 때문이다.

「나라사랑신문」 (2020.8.18.)

지역사회 기반
보훈 체계 구축의 필요성

정 태 영 _ 보훈교육연구원 연구원

수난이대 속의 보훈대상자

일제강점기 강제징용에서 6·25 전쟁 당시까지에 이르는 시대적 배경 하에서 때로는 담대하게 때로는 처절하게 써내려간 하근찬의 단편소설 「수난이대」에는 아버지와 아들 2대에 걸쳐 온몸과 마음에 새겨진 상처 자욱이 고스란히 담겨져 있다.

수난이대의 등장인물 중 아버지 박만도는 삼대독자인 아들 박진수가 생사를 알 수 없던 전쟁터에서 돌아온다는 소식에 어깻바람이 절로 나서 아들을 배웅하러 역전으로 향한다. 강제징용 피해자인 그는 멀쩡한 섬에 비행장을 닦는 공사 중에 비행기의 폭격으로 왼쪽 팔을 잃었다. 박만도는 애써 태연한 체하며, 조끼 주머니에 아무렇게나 소매자락을 넣은 채 우리 진수가 설마 나처럼 되지는 않았겠지 하며, 속으로 걱정한다. 그래도 이내 살아 돌아오는 아들을 위해 장터에서 실해 보이는 고등어 한 놈을 사서는 기분 좋게 계속 역전으로 걸어간다.

꽤액~ 기차가 도착하였다. 고등어를 한 손으로 들고 아들을 기다리던 아버지는 다리 하나를 잃은 채로 두 눈에서 눈물을 흘리며 자신을 부르는 아들을 보았지만, 애써 태연한 척하고 "가자, 어서!"라고 하며 집으로 향한다.

다리 하나를 잃은 아들의 불편한 걸음과 자신의 속내를 들키기 싫은 무뚝뚝한 박만도의 빠른 걸음 때문에 부자 간의 간격은 점차 벌어진다. 도중에 술집에 먼저 당도하여 한 사발 시원한 술로 뜨거운 감정의 북받침을 식힌 박만도는 아들에게 곱빼기로 참기름을 친 국수 한 사발을 사준다.

다시 집으로 향하는 길에 "이래 가지고 우째 살까 싶습니더."라는 절망 섞인 아들 진수의 말에 박만도는 "잘 걸어댕기기만 하면 뭐 하노? 손을 지대로 놀려야 일이 뜻대로 되지!!"라고 지긋이 아들을 보고 웃으며 위로한다.

소설은 두 팔이 있는 아들이 한 손엔 아버지가 사 오신 고등어를 들은 채 나머지 한 팔로 아버지의 굵은 목을 감고 두 다리가 멀쩡한 아버지가 아들의 하나뿐인 다리를 꼬옥 안아 엎은 채로 외나무다리를 건너며 끝난다.

이상은 소설 「수난이대」의 줄거리이다. 소설에서는 아버지와 아들의 아픔을 가족의 합심과 합력으로 이겨내 장면으로 마무리되지만 현실에서 맞닥뜨리는 외나무다리는 결코 녹록치 않다.

사회보장으로서의 보훈 체계

국가의 자주성을 회복하고자 몸 바친 순국선열, 국가의 안위를 지키려다 희생당한 호국영령, 민주적 가치를 위해 피 흘린 민주열사들이 받은 몸과 마음의 상처는 결코 개인과 가족만의 책임이 아니다. 하지만, "독립운동을 하면 3대가 망한다."거나 "군에서 죽으면 개죽음"이라는 세간의 말은 우리 보훈 체계가 좀 더 세심하고 촘촘하게 작동되어야 할 필요가 있음을 역설한다. 이지점에서 보훈은 사회보장과 만나게 된다.

사회보장(Social Security)이라는 용어에서 보장(Security)의 어원은 Se(=without: ~로부터 해방되어)와 Cura(=care: 걱정 혹은 근심)가 결합된 용어이다. 즉, 사회 구성원이 질병, 부상, 실업, 출산, 노령, 장애, 빈곤, 재해, 사망 등 삶의 연장선에서 겪게 되는 다양한 영역의 걱정과 근심을 해소시켜 주는 것이 사회보장인 것이다. 여기서 나라의 독립, 호국과 민주라는 가치를 지키기 위한 희생과 헌신을 하신 분들의 근심과 걱정을 국가와 사회가 보장하는 것도 중요하다. 현재 보훈대상자에 대한 지원은 크게 보훈급여금, 교육, 대부, 의료, 생업 지원 등이 있다. 재원의 부족, 타 제도와의 관계 등 현실적인 여건을 고려하더라도 사회보장 영역보다 협소한 지원이 이루어지고 있다. 보훈대상자는 단순히 원호의 대상이 아닌 예우의 대상이므로 이에 합당한 수준의 보훈정책이 필요하다.

대상자와 상호 교감하는 보훈

모든 정책이 그러하지만, 보훈정책이 실제 보훈대상자들의 아픈 몸과 근심이 서린 마음에 와 닿으려면 보훈대상자들의 수요를 고려한 정책 서비스가 제공될 필요가 있다. 통계청에 따르면 2018년 기준 전체 보훈대상자들의 평균 연령은 71세로 대부분 연로하다. 고령화로 인한 면역력 저하와 건강 악화 등은 보훈대상자들의 노후의 삶의 질을 위협한다. "건강을 잃으면 다 잃는다"라는 말처럼 보훈대상자들의 건강권을 더욱 보장해 줄 수 있도록 보훈 체계를 더욱 공고하게 할 필요가 있다. 특히 보훈대상자들이 아프고 병들기 전에 생활습관을 바로잡고 건강을 더욱 증진시킬 수 있도록 다양한 건강 프로그램을 개발하고 보건교육을 주기적으로 제공할 필요가 있다. 이렇게 보훈대상자들에게 양질의 건강 서비스를 제공하는 것은 '국가를 위해 희생한 사람들을 끝까지 책임진다'는 보훈정책의 기본이념에 가장 부합하다고 할 수 있다.

현재 보훈의료통합복지서비스(Bohun-THIS) 등 보훈대상자들의 예방, 치료, 요양 등 포괄적인 건강보장 체계가 이미 구축되어 있는 점은 다행이라고 할 수 있으나, 진정한 보훈의료통합복지서비스는 지역사회와의 더욱 끈끈한 연대가 필요하다. 몸의 건강과 마음의 평화로움은 의료의·영역을 넘어서기 때문이다. 커뮤니티 케어(community care), 즉 지역사회 통합 돌봄 속에서 보훈대상자의 의료와 복지가 어우러져야 한다. 지역주민과의 사회적 연대와 공동체의식의 공유가 동시에 이루어져야만 보훈대상자의 근심과 걱정을 진정하게 해소시켜줄 수 있기 때문이다.

보훈은 국가를 위해 헌신한 국민들의 몸과 마음을 어루만져줌으로써, 사회를 통합할 수 있는 촉진제이다. 단순한 금전적 보상에서 그치지 않고 보훈대상자들의 여생을 건강하게 보장해줄 수 있는 지역사회 기반의 보훈 체계를 구축해 나간다면 수난이대에서 보훈이대, 보훈삼대로 이어지는 평화공존 사회를 만들어 갈 수 있을 것이다.

「나라사랑신문」 (2020.8.5.)

제4부

독립 / 호국 / 민주

다시 6·25를
맞으며

전 수 미_ 숭실대학교 숭실평화통일연구원 교수

전상과 공상군경, 그리고 명예

6·25를 맞는 달 6월은 늘 사라지지 않는 초연(硝煙)의 자취를 느끼게 한다. 하지만 올해는 한국전쟁 70주년을 맞아 남북 분단 상황의 종식과 한반도 평화에 대한 열망이 더욱 절실해 지고 있다. 이러한 시기에 목함 지뢰로 인해 두 다리를 잃은 하재헌 중사에 대한 이야기는 우리 민족의 평화와 번영을 위해 전쟁에서 평화로 나아가야 함을 시사한다.

2015년 목함지뢰로 인해 두 다리를 잃은 하재헌 중사가 지난해 새삼스럽게 화제가 된 것은 국방부는 군인사법에 따라 '전상' 판정을, 보훈처는 이를 뒤집고 '공상' 판정을 내렸기 때문이다. 왜 이처럼 판결이 엇갈렸을까.

먼저 전상군경이 무엇인지 알아보자. 「국가유공자 등 예우 및 지원에 관한 법률」(이하 '국가유공자법')에 따르면 전상군경은 '군인이나 경찰공무원으로서 전투 또는 이에 준하는 직무수행 중 상이를 입고 전역하거나 퇴직한 사람으로서 그 상이정도가 국가보훈처장이 실시하는 신체검사에서 제6조의4에 따른 상이등급으로 판정된 사람'을 의미한다.

그렇다면 보훈처가 처음 판정을 내린 공상군경은 무엇이기에 논란이 되었던 것일까. 공상군경이란 '군인이나 경찰·소방 공무원으로서 국가의 수호·안전보장 또는 국민의 생명·재산 보호와 직접적인 관련이 있는 직무수행이나 교육훈련 중 상이를 입고 전역하거나 퇴직한 사람으로서 그 상이정도가 국가보훈처장이 실시하는 신체검사에서 상이등급으로 판정된 사람'을 의미한다.

결국 전상군경과 공상군경을 가르는 결정적인 차이는 전투 또는 이에 준하는 직무수행 중 상이를 입었는지(전상군경) 아니면 국가의 수호·안전보장 또는 국민의 생명·재산 보호와 직접적인 관련이 있는 직무수행 등에서 상이를 입었는지(공상군경)로 볼 수 있다.

왜 하재헌 중사는 전상판정을 받기를 원했던 것일까. 바로 '명예로운 전상'이기 때문이다. 실질적으로 전상판정과 공상판정에 대한 국가유공자법의 혜택은 거의 차이가 없지만, 앞서 언급한 대로 전상판정은 전투 또는 이에 준하는 특수한 직무수행 중에만 인정되기에 군에서는 전투와 유관한 전상판정이 군인으로서 더 명예롭게 여겨진다.

다행히 박삼득 국가보훈처장은 2019년 10월 2일 하재헌 중사에 대한 보훈심사위원회 재심의로 전상군경으로 결정하였다는 내용을 발표하면서, 이번 일을 계기로 관련 시행령 개정은 물론 보훈심사위원 구성 개편, 국가보훈 체계 정비에 나서겠다는 뜻을 밝혔다. 마땅하고 옳은 결정이다.

한반도 평화의 마중물, 국가유공자

전역한 하재헌 중사는 부상 이후 조정선수 하재헌으로 변신하여 새로운 길을 개척해 나가고 있다. 2019년 4월 서울주택도시공사 장애인 조정선수단에 입단하여 꾸준히 운동하였고, 이어 8월 장애인조정 세계선수권대회에서 16위, 10월 전국장애인체육대회에서 금메달을 목에 걸면서 많은 사람들에게 희망을 주고 있다.

많은 어려움 속에서도 올림픽의 금메달리스트를 꿈꾸며 땀방울을 흘리는 그의 모습에서 국가를 위해 봉사하고 희생된 국가유공자 및 순국선열에 대한 충분한 보상과 대우가 절실히 필요

함을 느낀다. 대부분 힘들게 생계를 이어 나가는 국가유공자에게 하재헌 중사는 하나의 희망인 것이다.

또한 스포츠를 통해 기존의 정치적 이념이나 대립을 초월하여 '화합과 전진'을 이루어낸 서울 88올림픽처럼, 하재헌 선수가 2032년 서울·평양 올림픽에 출전한다면 이 시대의 '화합과 남북 평화의 영구화'를 도모할 수 있다는 점에서 차후 한반도 평화라는 새 시대의 매개체가 될 하재헌 선수의 선전을 기원한다.

「나라사랑신문」 (2020.6.24.)

5·18 민주화운동과 '임을 위한 행진곡'

김 상 돈_ 고려대학교 교육대학원 겸임교수

5·18 민주화운동과 보훈의 역사

5·18 민주화운동이 일어난 지 올해로 40년이 되었다. 5·18 민주화운동 당시의 진상은 1988년에 열린 국회청문회를 통해 국민에게 최초로 공개되었다. 1994년 시민사회단체가 전두환과 노태우 포함 35명을 고발하였으나 '성공한 쿠데타는 처벌할 수 없다'는, 공소권 없음으로 끝나고 말았다. 이후 각계의 끈질긴 노력으로 1995년 12월 5·18 특별법이 제정되었고 '광주민주화운동'으로 규정하였다. 1997년 5월부터 5·18 민주화운동이 법정기념일로 지정되면서 국가보훈처 주관으로 매년 공식 기념식이 열리게 되었고, '망월동 묘지'는 '국립 5·18 민주묘지'가 되었다. 1997년 12월 「광주민주화운동 관련자 보상 등에 관한 법률」이 제정되었고, 광주민주화운동 유공자에게 실질적인 보상이 이루어지기 시작했다. 2002년에는 「5·18 민주유공자 예우에 관

한 법률」을 제정함에 따라 5·18 희생자 및 관련자들은 명실공히 5·18 민주유공자로 인정받게 되었다. 5·18 유공자로 선정되면 우선 대통령 명의 5·18 민주유공자증서가 수여된다. 그 밖에 교육·취업·의료 지원이 동반된다. 교육은 중·고·대 수업료 면제 및 학습보조비 지원 등, 취업의 경우 가점, 취업·보훈특별고용·일반직공무원 특채 등이다. 의료 방면에선 보훈병원 진료 시 본인부담금 감면 등의 지원이 이루어지고 있다. 그러나 '광주 5·18 민주화운동'이 발생한 지 40년이 되었지만 실체적 진상은 여전히 밝혀지지 않았고, 피해자들의 명예회복과 실질적인 보상도 이루어지지 않았다.

이러한 이유로 2018년 3월 「5·18 민주화운동 진상규명을 위한 특별법」이 제정되었고, 그해 9월 발효됐다. 그러나 자유한국당(당시)이 추천한 해당 위원들의 자격 문제와 잇따른 망언으로 인해 1년 3개월 동안 난항을 겪었다. 2019년 12월이 되어서야 비로소 조직 구성이 마무리되었고 2020년 5월부터 본격적으로 조사 활동이 수행될 예정이다. 진상규명의 조사 대상은 1980년 5월 당시 공권력에 의한 인권 침해, 군 비밀조직의 역사 왜곡·조작, 최초 집단발포 경위·책임자, 계엄군 헬기사격 명령자·경위, 집단 학살, 민간인 사망·상해·실종, 암매장 사건 등이다. 정부의 강력한 의지와 초당적 협력 속에 광주학살의 진상을 온전히 규명하여 분노와 원한을 뛰어넘는 정의와 희망의 대한민국 역사가 바로 세워지기를 소망한다.

5·18 광주 민주화운동은 1980년 5월 18일부터 5월 27일까지 광주시민과 전남도민이 중심이 되어 조속한 민주정부 수립, 전두환 보안사령관을 비롯한 신군부 세력의 퇴진 및 계엄령 철폐 등을 요구하며 전개한 대한민국의 민주화운동이다. 광주광역시가 2009년에 5·18 민주화운동 29주년을 맞아 당시 목숨을 잃거나 다친 사람을 집계한 결과, 사망자가 163명, 행방불명자가 166명, 부상 뒤 숨진 사람이 101명, 부상자가 3,139명, 구속 및 구금 등의 기타 피해자 1,589명, 아직 연고가 확인되지 않아 묘비명도 없이 묻혀 있는 희생자 5명 등 총 5,189명으로 확인되었다.

민주화운동 한류의 원조 - '임을 위한 행진곡'

해마다 찾아오는 오월이 되면, 5·18의 상징 '임을 위한 행진곡'이 호명된다. 임을 위한 행진곡은 5·18 민주화운동 당시 계엄군에 희생된 윤상원 열사와 그와 함께 들불야학을 열고 노동운동을 하다 사망한 박기순의 영혼결혼식(1982년)에 헌정된 민중가요이다. 곡은 김종률이 1981년 5월 광주에 있는 황석영 소설가의 자택에서 썼고, 가사는 통일운동가 백기완 선생이 YMCA 위장결혼식 사건으로 수감 중이던 1980년 12월에 서대문구치소 옥중에서 지은 장편시 '묏비나리'의 일부를 황석영 소설가가 다듬어 '임을 위한 행진곡'이 만들어졌다.

임을 위한 행진곡은 5·18 광주 민주화운동 추모 행사와 시위 현장에서 유족과 시민들 사이에서 5·18 민주화운동을 사실상 대표하는 노래로 제창되었다. 5·18 광주 민주화운동 기념일이 국가기념일로 승격된 1997년 5월 첫 기념식부터 2007년까지 김대중, 노무현 전 대통령은 참석자들과 함께 불렀다. 그러나 이명박 정부 시기였던 2009년부터 '임을 위한 행진곡' 제창이 공식 식순에서 제외되고, 식전 행사로 밀렸다. 2011년부터 2016년까지는 '임을 위한 행진곡'이 제창에서 합창으로 바뀌었다. 2013년 6월 국회의원의 과반이 넘는 여야의원 158명의 찬성으로 임을 위한 행진곡이 '5·18 기념곡 지정촉구 결의안' 본회의에서 통과됐다. 하지만, 국가보훈처는 청와대의 거부감을 이유로 8년간 '임을 위한 행진곡' 제창을 막았고 대체할 별도의 기념곡 제정을 추진하고 있었다. 이러한 이유로 5·18 관련 시민사회단체는 2010년부터 정부 주관 기념식 참석을 거부하고 별도의 기념식을 여는 등 이에 매우 강력하게 반발했다. 이후 박근혜 대통령 퇴진 촛불집회에서도 '임을 위한 행진곡'이 울려 퍼졌으며 박근혜 대통령이 탄핵 된 후인 2017년 문재인 정부가 집권하면서 다시 제창을 하게 되었다. 2017년 5월 18일 문재인 대통령을 비롯한 참석자들은 행사 마지막에 모두 자리에서 일어나 손을 맞잡고 함께 노래를 불렀다. 문 대통령은 "'임을 위한 행진곡'은 단순한 노래가 아니라 오월의 피와 혼이 응축된 5·18 정신 그 자체"라며 "제창은 그동안 상처받은 광주 정신을 다시 살리는 일이 될 것"이라고 강조했다. '임을 위한 행진곡' 제창 여부에 대해 그동안 여러 논란이 있었지만, 국가보훈처에서는 2018년 10월 '5·18 민주화운동 기념곡' 지정 법제화를 추진하였고 5·18 민주화운동을 상징하는 민중가요로 비로소 자리매김하게 되었다. '임을 위한 행진곡'은 '백만 행진' 현장에서 울려퍼졌고 중국어, 태국어, 일본어 등 10개가 넘는 언어로 불리는 한류의 원조이며 민주주의 한류이다.

끝으로, 5·18 민주화운동은 항쟁 기간 동안에 단 한 건의 폭행, 범죄, 도난, 사재기 등이 전혀 없었고, 오로지 한마음 한 뜻으로 죽음과 두려움을 넘어 두 주먹 불끈 쥐고 함께 나눈 주먹밥과 두 팔 걷어붙이고 피를 함께 나누었던 시민자치의 대동공동체였으며, 거리의 넝마주이, 구두닦이, 성매매 여성 모두 계엄군에 항거한 평화와 정의의 민주공동체였다. 이처럼 1980년 5·18 민주화 운동의 역사는 섬광처럼 빛나는 성좌가 되어 87년 6월 항쟁을 만났고 박근혜 퇴진 촛불혁명을 만나 2020년의 오늘을 사는 우리에게 한국의 민주주의를 성찰적으로 사유하고 실천하게 한다.

제대군인 지원정책

이 용 재_ 보훈교육연구원 연구원

국가나 집단 간에 전쟁과 같은 무력 충돌은 없을수록 좋지만, 혹시나 모를 상황에 대비하기 위해서라도 군대는 불가피하게 존재하게 된다. 군대의 근간은 당연히 군인이다. 군인 가운데 일반 의무복무사병이 나무의 가지와 잎과 같다면, 이들을 관리하는 준·부사관과 장교는 뿌리·줄기와 같다. 가지와 잎은 뿌리와 줄기를 통해 양분을 공급받는다. 뿌리와 줄기 없는 가지와 잎은 존재할 수 없다. 물론 그 역도 마찬가지이기는 하다. 호국보훈의 달 6월을 맞이하여 중장기 복무하고 제대하는 이른바 '제대군인'에 대한 국가의 지원정책에 대해 살펴보고자 한다.

제대군인 지원에 관한 법률에 따르면 '제대군인'은 병역법 또는 군인사법에 따라 군복무를 마치고 전역(퇴역, 면역, 상근예비역 소집해제)한 사람을 말한다. 그러나 여기에서 주로 언급하는 대상은 5년 이상 복무하고 전역한 중·장기복무 제대군인(이하 '제대군인')을 말한다.

취·창업지원은 10개의 제대군인지원센터를 통해

　2015년도 군인연금통계연보(국방부, 2016) 자료를 보면 제대군인의 인구통계학적 특성은 다음과 같다. 이들의 평균연령은 장기복무자 50세, 중기복무자 38세이며, 전체 평균연령은 42세이다. 그리고 장기복무의 연령분포는 30세부터 60세 초반까지이며, 중기복무자의 연령분포는 26세부터 45세까지이다. 이들은 매년 6,000~7,000명 내외로 발생하고 있으며, 2015년 이전에는 대체적으로 장기복무자가 많았으나 최근에는 장기 및 중기복무자가 거의 비슷하게 발생하고 있다.

　제대군인을 위해 국가에서는 많은 지원을 하고 있는데 대상자는 매년 증가하고 있는 추세이다. 지원 내용은 크게 취·창업지원, 교육훈련지원, 생활 안정지원으로 구분해서 살펴보고자 한다. 취·창업 지원은 10개의 제대군인지원센터를 통해서 체계적으로 이루어진다. 제대군인지원센터는 2004년 서울제대군인지원센터를 개설한 이후 최근에는 인천·강원·경남지역까지 확대하여 개설했다. 각 제대군인센터는 교육행정, 취업상담, 기업협력, 창업지원 등 센터별로 3-4개 팀을 운영한다. 이 외에도 고용복지플러스센터 4곳(천안, 구미, 순천, 고양)에 상담사를 파견하여 제대군인을 돕고 있다.

취업지원은 제대군인과의 상담을 통해 진로설계 및 목표설정, 이력서 작성, 면접스킬 배양, 마스터 이력서를 완성하게 된다. 그리고 실행단계에서는 채용정보를 분석해서 제공하고 모의면접, 채용추천, 동행면접을 실시한다. 취업한 이후에도 이직, 재취업관리를 통해서 사후관리를 지원하고 있다. 또한 연금수급 및 자격증 유무 등에 따라 개인별로 맞춤형서비스를 제공한다.

창업지원은 상담을 통해 제대군인이 희망하는 창업정보를 수집 및 분석하여 제공한다. 그리고 창업교육과 사업계획서 작성, 자금조달, 점포 임대계약을 통해서 실전창업을 지원한다. 창업한 이후에도 사업성과 확인, 재무 및 노무 컨설팅을 지원한다.

교육 지원 내용을 구체적으로 살펴보면 위탁교육이 있는데 국가보훈처에서 1인당 100만 원 한도(자부담 10%), 1인 2과정 범위 내에서 교육기회를 부여하고 있으며 2020년도에는 58개 과정이 개설되어 있다. 그리고 직업능력개발교육비는 1인당 150만원 한도(자부담 20%)에서 지원을 하고 있다. 이외에도 사이버교육이 있는데 연간 1만7,000강좌가 개설돼 있으며 1인당 월 3과목 연간 10과목 범위에서 수강이 가능하다.

또한 전직지원금이 지원되는데 중기복무자는 월 25만원, 장기복무자는 월 50만원씩 최장 6개월 동안 지원한다. 수급기간 중 취·창업한 경우에는 잔여기간까지 받을 수 있는 금액의 절반을 일시금으로 지급한다. 그리고 연금수급권이 없는 대상자에게는 무료법률 구조지원을 통해서 소송에 소요되는 비용을 2천만 원 정도에서 지원하고 있다. 이 외에도 6천만 원 범위 내에서 대부 지원, 의료지원, 공공시설 감면이용 등이 있지만 다소 부족한 수준이다. 왜냐하면 일반 사회의 복지제도는 비약적으로 발전하고 있는데 비해 제대군인 복지정책은 상대적으로 발전이 더디게 진행되고 있기 때문이다.

제대군인 지원으로 군복무 자랑스러운 경력 되도록

따라서 앞으로 제대군인지원센터가 원거리에 있는 지역의 제대군인을 위해서 중부내륙센터(충북, 경북북부, 강원남부 일부 지역의 중앙), 전북센터 등의 제대군인지원센터 개설이 추가적으로 필요하다. 또한 전직지원금 인상, 대부한도액 인상 및 이율 인하, 보훈병원 이용 시 현재는 장기복무자에 한해 본인 부담금의 50%를 감면하고 있는데, 중기복무자까지 대상 범위를 확대하고 감면율도 현재보다 높여 나갈 필요가 있다.

특히 최근에는 전국민고용보험 확대의 일환으로 우선 산재보험 적용을 받고 있는 보험설계사 등 특수고용직 근로자를 대상으로 확대 정책을 추진하고 있다. 공무원은 고용보험 적용 제외이지만 별정직·임기제 공무원의 경우 본인의 의사에 따라 최초 임용된 날로부터 3개월 이내에 고용보험에 임의 가입이 가능하다.

그러나 5년 이상, 19년 6개월 미만 근무하고 전역한 제대군인은 연금 혜택도 받을 수 없을 뿐만 아니라 현재는 고용보험도 대상이 아니기 때문에 실업급여를 받을 수도 없다. 이러한 문제점을 해결하기 위해 오래전인 2008년 11월부터 몇 차례 국회에서 입법 발의가 있었지만 지금까지 해결되지 않고 있다. 따라서 이번 기회에 연금 미대상 중·장기복무자까지 고용보험 가입이 확대돼야 할 것이다. 그렇게 되면 군복무 과정을 훨씬 자랑스럽게 할 수 있게 되지 않겠는가. 이것이 국가의 근간을 더 튼튼하게 하는 길이다.

「나라사랑신문」 (2020.6.9.)

제대군인, 국가가 적극 지원해야 하는 이유

이 용 재_ 보훈교육연구원 연구원

제대군인의 현황

「제대군인 지원에 관한 법률」(이하 '제대군인법')은 1997년 12월에 제정되어 이듬해 1998년 7월부터 시행된 이후 지금까지 31회 개정을 통해서 오늘에 이르고 있다. 여기에서 '제대군인'은 병역법 또는 군인사법에 따라 군복무를 마치고 전역(퇴역, 면역, 상근예비역 소집해제)한 사람을 말한다.

세부적으로 제대군인을 구분하면 장기복무 제대군인은 10년 이상 현역으로 복무하고 전역한 사람이며, 중기복무 제대군인은 5년 이상 10년 미만 현역으로 복무하고 전역한 사람을 말한다. 여기에서는 주로 5년 이상 복무하고 전역한 중·장기복무 제대군인(이하 '제대군인')을 대상으로 말하고자 한다. 국가보훈처에 매년 등록하는 제대군인은 2002년 6,212명에서 2019년 7,283명으로 17.2% 증가하였다. 또한 등록된 제대군인은 2011년 총

48,783명에서 2019년 89,633명으로 83.7% 증가하였으며, 향후 2050년까지 12만여 명으로 증가할 것으로 전망된다.

일반적인 사회환경과는 달리 군복무의 환경적 특징을 몇 가지로 요약하면 다음과 같다. 첫째, 제대군인은 현역 복무 시 전·후방 오지, 파도가 거세게 몰아치는 바다 그리고 수중, 신체적 한계에 직면하는 영공에서, 때로는 거센 자연환경 앞에서 인간의 한계를 극복해야 한다. 참전군인과 같이 특정한 공적이 없더라도 국가방위라는 측면에서 볼 때 국가에 대한 공헌이 적지 않다. 국가보훈대상자로서 보상과 예우를 받을 자격이 충분하게 있다.

둘째, 오랜 기간 동안 일반 사회와 분리되어 상대적으로 폐쇄적 공간인 군에서 생활하다가 사회로 나오면 적응하는 데 어려움이 따를 수밖에 없다. 특히 상명하복의 군 특수문화가 일반 사회의 수평적 대중문화와는 다른 점이 특징이다.

셋째, 제대군인은 국가의 정책에 따라 통상적인 일반 공무원의 정년보다 조기에 비자발적인 퇴직을 하는 경향이 있다. 이는 국방 서비스의 품질을 높이고, 싸우면 반드시 이기기 위하여 인적자원을 다른 조직보다 젊은 자원으로 유지하고자 하는 군의 인력정책에 따른 결과라고 볼 수 있다.

제대군인의 지원의 필요성

이와 같이 제대군인은 현역 복무 시 어려운 환경에 처해 있었다. 게다가 국가보훈대상자 성격도 지니고 있기 때문에 국가적 차원에서 지원의 필요성을 몇 가지 기술하고자 한다.

첫째, 군대 조직은 어떠한 내·외부 위협으로부터도 국가를 방위해야 한다는 확고한 목표에 집중되어 있어서, 다른 사회집단과는 달리 조직 내 응집력과 위계질서 등 엄격한 가치 체계를 발전시켜 온 조직이다. 생명을 담보로 한 개인적 헌신과 긴장을 유지한 근무로 희생을 요구받은 군대는 평상시에는 국가에서 부여한 적법한 권한에 의해 군사력을 운용하고 관리하며, 유사시에는 개인의 생명을 바쳐 국가를 수호하고, 국민의 생명과 재산을 보호한다. 코로나19가 대구지역에서 집중적으로 확산될 때 간호사관학교를 갓 졸업하고 임관한 간호상교들이 코로나 퇴치 임무를 수행하기 위해서 대구로 내려갔다. 우리나라뿐만 아니라 다른 나라도 마찬가지로, 미국 해군은 병원선인 컴포트함과 머시함을 동부와 서부 해안에 배치하였으며 중국도 인민해방군 의료진을 우한에 투입하였다.

둘째, 군은 계급 구조상 피라미드 조직으로, 개인적인 결함이나 과오와는 상관없이 전역하는 나이가 30대 중반부터 50대 후반에 걸쳐 있다. 생애주기 관점에서 볼 때 군인은 구조적으로 생애에서 지출이 가장 높은 시기에 전역하게 된다. 특히 40대에서 50대 초반 사이가 대부분이어서 일생 중 경제적 지출이 가장 많은 시기에 군 조직을 떠나야 하는데, 바로 소득과 일자리 상실이 큰 문제인 것이다.

셋째, 국방이라는 공공재는 군사 존속 및 유지를 위한 기본조건이며 군의 높은 전투력 유지는 국가안보의 필수적인 요소이다. 그리고 군 전력 발휘를 위한 적정수준의 무기체계는 물론 이를 운영하는 경쟁력 높은 조직을 구성할 우수 인력의 획득이 필수적이다. 제대군인의 생활 안정은 현역의 사기와 직결된다는 측면에서도 매우 중요하다. 제대군인은 현역의 미래상으로서, 만약에 제대군인이 사회에서 불안정하게 생활한다면 현역의 임무 전념 분위기를 저해할 뿐만 아니라, 사기를 저하시킴으로써 결국 국방력의 저하를 초래하여 안보를 훼손시키는 결과를 가져오게 된다. 따라서 제대군인 지원을 통해서 현역들이 마음 놓고 국방에 전념할 수 있도록 해야 한다.

넷째, 국가의 인적 자원 활용 차원에서 제대군인이 좋은 일자리를 가지도록 하는 것은 우수한 인재의 군대 유입을 촉진시키고 군인들의 복무 만족도를 증가시킨다. 국가 차원에서 군에서 습득한 지식과 기술이 사장되지 않도록 관리하여 국가 인적 자원의 활용을 극대화할 필요가 있다. 이러한 관점에서 볼 때 제대군인은 사회에서 활용할 필요성이 큰 중요한 인적 자원임이 분명하다. 특히 이들은 오랜 기간 동안 큰 조직에서 잘 훈련되어 있어서 국가적 재난 수준과 같은 상황에서 어떠한 임무를 부여하더라도 충분히 해낼 수 있다.

이와 같은 이유 때문에 제대군인에 대한 지원은 국가책무, 생애주기, 국가안보, 인적자원 활용의 차원에서 매우 중요하다. 지원을 소홀히 해서는 안 되는 이유가 여기에 바로 있는 것이다.

「프레시안」(2020.4.18.)

보훈교육연구원 보훈문화총서06

보훈 3.0: 시민과 함께 보훈 읽기

등록 1994.7.1 제1-1071
1쇄 발행 2020년 12월 31일

기 획 보훈교육연구원
지은이 김상돈 서운석 윤승비 이영자 이용재 이재승
        이찬수 임상순 전수미 정태영 형시영
펴낸이 박길수
편집장 소경희
편 집 조영준
관 리 위현정
디자인 이주향
펴낸곳 도서출판 모시는사람들
        03147 서울시 종로구 삼일대로 457(경운동 수운회관) 1207호
전 화 02-735-7173, 02-737-7173 / 팩스 02-730-7173

인 쇄 (주)성광인쇄(031-942-4814)
배 본 문화유통북스(031-937-6100)
홈페이지 http://www.mosinsaram.com/

값은 뒤표지에 있습니다.
ISBN 979-11-6629-015-2   04300
세트 979-11-6629-011-4   04300

이 도서의 국립중앙도서관 출판예정도서목록(CIP)은 서지정보유통지원시스
템 홈페이지(http://seoji.nl.go.kr)와 국가자료공동목록시스템(http://www.
nl.go.kr/kolisnet)에서 이용하실 수 있습니다.(CIP제어번호:CIP2020055034)

이 책의 내용은 필자의 개인적인 의견이고, 보훈교육연구원의 공식적인
입장과는 관련이 없습니다